もくじ

寺田寅彦　科学者とあたま

線香花火

夏の夜に小庭の縁台で子供等の弄《もてあそ》ぶ線香花火には大人の自分にも強い誘惑を感じる。これによって自分の子供の時代の夢が甦《よみがえ》って来る。今はこの世にない親しかった人々の記憶が喚《よ》び返される。

はじめ先端に点火されてただかすかに燻《くすぶ》っている間の沈黙が、これを見守る人々の心を正《まさ》に来るべき現象の期待によって緊張させるにちょうど適当な時間だけ継続する。次には火薬の燃焼がはじまって小さな焰《ほのお》が牡丹《ぼたん》の花弁のように放出され、その反動で全体は振子のように揺動する。同時に灼熱《しゃくねつ》された熔融塊《ようゆうかい》の球がだんだんに生長して行く。焰が止んで次の火花のフェーズに移るまでの短い休止期《ポーズ》がまた名状し難い心持を与えるものである。火の球は、かすかな、ものの沸《に》えたぎるような音を立てながら細かく震動している。それは今にも迸《ほと》ばしり出ようとする勢力《エネルギー》が内部に渦巻いている事を感じさせる。突然火花の放出が始まる。眼に止まらぬ速度で発射される微細《びさい》な火弾が、目に見えぬ空中の何物かに衝突して砕けでもするように、無数の光の矢束《やたば》となって放散する、その中の一片はまたさらに砕けて第二の松葉第三第四の松葉を展開する。この火花の時間的並びに空間的の分布が、あれよりもっと疎であってもあるいは密であってもいけないであろう。実に適当な歩調と配置で、しかも充分な変化をもって火花の音楽が進行する。この音楽のテンポはだんだんに早くなり、密度は増加し、同時に一つ一つの火花は短くなり、火の箭《や》の先端は力弱く垂れ曲る。もはや爆裂するだけの勢力のない火弾が、空気の抵抗のためにその速度を失って、重力のために抛物線《ほうぶつせん》を画いて垂れ落ちるのである。荘重《そうちょう》なラルゴ(1)で始まったのが、アンダンテ(2)、アレグロ(3)を経て、プレスティシモ(4)になったと思うと、急激なデクレスセンド(5)で、哀れに淋しいフィナーレに移って行く。私の母はこの最後のフェーズを「散り菊」と名づけていた。本当に単弁の菊の萎《しお》れかかったような形である。「チリギクチリギク〱」こう云ってはやして聞かせた母の声を思い出すと、自分の故郷における幼時の追懐が鮮明に喚び返されるのである。あらゆる火花のエネルギーを吐き尽した火球は、脆《もろ》く力なくポトリと落ちる、そしてこの火花のソナタの一曲が終るのである。あとに残されるものは淡くはかない夏の宵闇《よいやみ》である。私は何となくチャイコフスキーのパセティクシンフォニーを想い出す。

実際この線香花火の一本の燃え方には、「序破急《じょはきゅう》」(6)があり「起承転結」があり、詩があり音楽がある。

ところが近代になって流行《はや》り出した電気花火とか何とか花火とか称するものはどうであろう。なるほどアルミニウムだかマグネシウムだかの閃光《せんこう》は光度において大きく、ストロンチウムだかリチウムだかの焔の色は美しいかもしれないが、始めからおしまいまでただぼうぼうと無作法に燃えるばかりで、タクトもなければリズムもない。それでまたあの燃え終りのきたなさ、曲のなさはどうであろう。線香花火がベートーヴェンのソナタであれば、これはじゃかじゃかのジャズ音楽である。これも日本固有文化の精粋《せいすい》(7)がアメリカの香のする近代文化に押しのけられて行く世相の一つであるとも云いたくなるくらいのものである。

線香花火の灼熱した球の中から火花が飛び出し、それがまた二段三段に破裂する、あの現象がいかなる作用によるものであるかという事は興味ある物理学上並びに化学上の問題であって、もし詳しくこれを研究すればその結果は自然にこれらの科学の最も重要な基礎問題に触れて、その解釈はなんらかの有益な貢献となり得る見込がかなりに多くあるだろうと考えられる。それで私は十余年前の昔から多くの人にこれの研究を勧誘して来た。特に地方の学校にでも奉職していて充分な研究設備をもたない人で、何かしらオリジナルな仕事がしてみたいというような人には、いつでもこの線香花火の問題を提供した。しかし今日までまだ誰もこの仕事に着手《ちゃくしゅ》したという報告に接しない。結局自分の手許でやる外《ほか》はないと思って二年ばかり前に少しばかり手を着けはじめてみた。ほんの少しやってみただけで得られたわずかな結果でも、それははなはだ不思議なものである。少なくもこれが将来一つの重要な研究題目になり得るであろうという事を認めさせるには充分であった。

この面白く有益な問題が従来誰も手を着けずに放棄されてある理由が自分には分りかねる。おそらく「文献中に見当らない」、すなわち誰もまだ手を着けなかったという事自身以外に理由は見当らないように思われる。しかし人が顧《かえり》みなかったという事はこの問題のつまらないという事には決してならない。

もし西洋の物理学者の間にわれわれの線香花火というものが普通に知られていたら、おそらくとうの昔に誰か一人や二人はこれを研究したものがあったろうと想像される。そしてその結果がもし何か面白いものを生み出していたら、わが国でも今頃線香花火に関する学位論文の一つや二つは出来たであろう。こう云う自分自身も今日まで棄《す》ててはおかなかったであろう。

近頃フランス人で刃物を丸砥石《まるといし》で砥ぐ時に出る火花を研究して、その火花の形状からその刃物の鋼鉄の種類を見分ける事を考えたものがある。この人にでも提出したら線香花火の問題も案外早く進行するかもしれない。しかし出来る事なら線香花火はやはり日本人の手で研究したいものだと思う。

西洋の学者の掘り散らした跡へ遥々後《はるばるおく》ればせに鉱石の欠けらを捜しに行くもいいが、われわれの脚元に埋もれている宝をも忘れてはならないと思う。しかしそれを掘り出すには人から笑われ狂人扱いにされる事を覚悟するだけの勇気が入用である。

（一九二七年　四十九歳）

科学者とあたま

私に親しいある老科学者がある日私に次のようなことを語って聞かせた。
「科学者になるには『あたま』がよくなくてはいけない。」これは普通世人の口にする一つの命題である。これはある意味では本当だと思われる。しかし、一方でまた「科学者はあたまが悪くなくてはいけない」という命題も、ある意味ではやはり本当である。そうしてこの後の方の命題は、それを指摘し解説する人が比較的に少数である。

この一見相反する二つの命題は実は一つのものの互いに対立し共存する二つの半面を表現するものである。この見掛け上のパラドックスは、実は「あたま」という言葉の内容に関する定義の曖昧《あいまい》不鮮明から生れることは勿論《もちろん》である。

論理の連鎖のただ一つの環をも取失わないように、また混乱の中に部分と全体との関係を見失わないようにするためには、正確で且《か》つ緻密《ちみつ》な頭脳を要する。紛糾《ふんきゅう》した可能性の岐路に立ったときに、取るべき道を誤らないためには前途を見透す内察と直観の力を有《も》たなければならない。すなわちこの意味ではたしかに科学者は「あたま」がよくなくてはならないのである。

しかしまた、普通にいわゆる常識的に分かり切ったと思われることで、そうして、普通の意味でいわゆるあたまの悪い人にでも容易にわかったと思われるような尋常茶飯事《さはんじ》の中に、何かしら不可解な疑点を認めそうしてその闡明《せんめい》に苦吟するということが、単なる科学教育者にはとにかく、科学的研究に従事する者には更に一層重要必須《ひっす》なことである。この点で科学者は、普通の頭の悪い人よりも、もっともっと物分かりの悪い呑込みの悪い田舎者《いなかもの》であり朴念仁《ぼくねんじん》(1)でなければならない。

いわゆる頭のいい人は、云わば脚の早い旅人のようなものである。人より先に人のまだ行かない処へ行き着くことも出来る代りに、途中の道傍《みちばた》あるいはちょっとした脇道にある肝心なものを見落す恐れがある。頭の悪い人、脚ののろい人がずっと後からおくれて来て訳もなくその大事な宝物を拾って行く場合がある。

頭のいい人は、云わば富士の裾野まで来て、そこから頂上を眺めただけで、それで富士の全体を呑込んで東京へ引返すという心配がある。富士はやはり登ってみなければ分からない。

頭のいい人は見通しが利くだけに、あらゆる道筋の前途の難関が見渡される。少なくも自分でそういう気がする。そのためにややもすると前進する勇気を沮喪《そそう》しやすい。頭の悪い人は前途に霧がかかっているために却《かえ》って楽観的である。そうして難関に出遭っても存外《ぞんがい》どうにかしてそれを切抜けて行く。どうにも抜けられない難関というのは極めて稀《まれ》だからである。

それで、研学の徒はあまり頭のいい先生にうっかり助言を乞《こ》うてはいけない。きっと前途に重畳《ちょうじょう》する難関を一つ一つ虱潰《しらみつぶ》しに枚挙されて、そうして自分のせっかく楽しみにしている企図の絶望を宣告されるからである。委細《いさい》構わず着手してみると存外指摘された難関は楽に始末が付いて、指摘されなかった意外な難点に出逢うこともある。

頭のよい人は、あまりに多く頭の力を過信する恐れがある。その結果として、自然がわれわれに表示する現象が自分の頭で考えたことと一致しない場合に、「自然の方が間違っている」かのように考える恐れがある。まさかそれほどでなくても、そういったような傾向になる恐れがある。これでは自然科学は自然の科学でなくなる。一方でまた自分の思ったような結果が出たときに、それが実は思ったとは別の原因のために生じた偶然の結果でありはしないかという可能性を吟味するという大事な仕事を忘れる恐れがある。

頭の悪い人は、頭のいい人が考えて、はじめから駄目にきまっているような試みを、一生懸命につづけている。やっと、それが駄目と分かる頃には、しかし大抵何かしら駄目でない他のものの糸口を取り上げている。そうしてそれは、そのはじめから駄目な試みをあえてしなかった人には決して手に触れる機会のないような糸口である場合も少なくない。自然は書卓の前で手を束《つか》ねて空中に画を描いている人からは逃げ出して、自然の真中へ赤裸で飛び込んで来る人にのみその神秘の扉を開いて見せるからである。

頭のいい人には恋が出来ない。恋は盲目である。科学者になるには自然を恋人としなければならない。自然はやはりその恋人にのみ真心を打明けるものである。

科学の歴史はある意味では錯覚と失策の歴史である。偉大なる迂愚者《おろかもの》の頭の悪い能率の悪い仕事の歴史である。

頭のいい人は批評家に適するが行為の人にはなりにくい。すべての行為には危険が伴うからである。怪我《けが》を恐れる人は大工にはなれない。失敗を怖がる人は科学者にはなれない。科学もやはり頭の悪い命知らずの死骸の山の上に築かれた殿堂であり、血の河の畔《ほとり》に咲いた花園である。一身の利害に対して頭がよい人は戦士にはなりにくい。

頭のいい人には他人の仕事のあらが眼につきやすい。その結果として自然に他人のする事が愚かに見え、従って自分が誰よりも賢いというような錯覚に陥りやすい。そうなると自然の結果として自分の向上心に弛《ゆる》みが出て、やがてその人の進歩が止ってしまう。頭の悪い人には他人の仕事が大抵みんな立派に見えると同時にまたえらい人の仕事でも自分にも出来そうな気がするので、おのずから自分の向上心を刺戟《しげき》されるということもあるのである。

頭のいい人で人の仕事のあらは分かるが自分の仕事のあらは見えないという程度の人がある。そういう人は人の仕事をくさしながらも自分で何かしら仕事をして、そうして学界に幾分の貢献をする。しかしもう一層頭がよくて、自分の仕事のあらも見えるという人がある。そういう人になると、どこまで研究しても結末が付かない。それで結局研究の結果を纏《まと》めないで終る。

すなわち何もしなかったのと、実証的な見地からは同等になる。そういう人は何でも分かっているが、ただ「人間は過誤の動物である」という事実だけを忘却しているのである。一方ではまた、大小方円の見さかいもつかないほどに頭が悪いおかげで大胆な実験をし、大胆な理論を公にし、その結果として百の間違いの内に一つ二つの真を見付け出して学界に何がしかの貢献をし、また誤って大家の名を博する事さえある。しかし科学の世界ではすべての間違いは泡沫《ほうまつ》のように消えて真なもののみが生き残る。それで何もしない人よりは何かした人の方が科学に貢献する訳である。

頭のいい学者はまた、何か思い付いた仕事があった場合にでも、その仕事が結果の価値という点から見るとせっかく骨を折っても結局大した重要なものになりそうもないという見込をつけて着手しないで終る場合が多い。しかし頭の悪い学者はそんな見込が立たないために、人からは極めてつまらないと思われる事でも何でも、我武者《がむしゃ》らに仕事に取付いて脇目もふらずに進行して行く。そうしているうちに、初めには予期しなかったような重大な結果に打《ぶ》つかる機会も決して少なくはない。この場合にも頭のいい人は人間の頭の力を買い被って天然の無際涯《むさいがい》な奥行を忘却するのである。科学的研究の結果の価値はそれが現われるまでは大抵誰にも分からない。また、結果が出た時には誰も認めなかった価値が十年百年の後に初めて認められることも珍しくはない。

頭がよくて、そうして、自分を頭がいいと思い利口《りこう》だと思う人は先生にはなれても科学者にはなれない。人間の頭の力の限界を自覚して大自然の前に愚かな赤裸の自分を投げ出し、そうしてただ大自然の直接の教えにのみ傾聴する覚悟があって、初めて科学者にはなれるのである。しかしそれだけでは科学者にはなれない事も勿論である。やはり観察と分析と推理の正確周到を必要とするのは云うまでもないことである。

つまり、頭が悪いと同時に頭がよくなくてはならないのである。

この事実に対する認識の不足が、科学の正常なる進歩を阻害する場合がしばしばある。これは科学にたずさわるほどの人々の慎重な省察を要することと思われる。

最後にもう一つ、頭のいい、ことに年少気鋭の科学者が、科学者としては立派な科学者でも、時として陥る一つの錯覚がある。それは、科学が人間の智恵のすべてであるかのように考えることである。科学は孔子のいわゆる「格物《かくぶつ》」の学であって「致知《ちち》」の一部に過ぎない。しかるに、現在の科学の国土はいまだウパニシャド(2)や老子やソクラテスの世界との通路を一筋でももっていない。芭蕉や広重の世界にも手を出す手がかりをもっていない。そういう別の世界の存在はしかし人間の事実である。理窟ではない。そういう事実を無視して、科学ばかりが学のように思い誤り思いあがるのは、その人が科学者であるには妨げないとしても、認識の人であるためには少なからざる障害となるであろう。これも分かり切ったことのようであってしばしば忘られがちなことであり、そうして忘れてならないことの一つであろうと思われる。

この老科学者の世迷言《よまいごと》を読んで不快に感ずる人は、きっと羨むべき優れた頭のいい学者であろう。またこれを読んで会心の笑みをもらす人は、またきっと羨むべく頭の悪い立派な科学者であろう。これを読んで何事をも考えない人は、おそらく科学の世界に縁のない科学教育者か科学商人の類であろうと思われる。

(一九三三年 五十五歳)

宇宙線

理化学が進めば世の中に不思議はなくなるであろうと云う人がある。しかし科学が進めばかえって今まで知られなかった新しい不思議なものも出て来るのである。現在物理学者の問題となっている宇宙線などもその一例である。

宇宙のいずこの果《はて》からとも知れず、肉眼にも顕微鏡《けんびきょう》にも見えない微粒子のようなものが飛んで来て、それが地球上のあらゆるものを射撃し貫通しているのに、われわれ愚なる人間は近頃までそういうものの存在を夢にも知らないでいたのである。その存在を認める唯一の手段としては、この放射線のために空気その他のガスの分子が衝撃されて電離《でんり》し(1)、そのためにそのガスの電導度にわずかながら影響し、従って特別な装置の鋭敏な電気計に感ずるという、そういう一種特別の作用を利用する外《ほか》はない。もっとも地上に存する放射性物質から発射される色々の放射線もやはりこれと同様な性質をもっているのではあるが、それらのものが物質を貫通する能力に比べて比較にならぬくらい強大な貫通能力を宇宙線が享有《きょうゆう》しているために、地上の諸放射線とは自ずから区別されるのである。すなわち、数尺の鉛板あるいは百尺の水層を貫徹して後にも、なお機械に感じるのであるから、ビルディングの中の金庫の中に大事にしまってある品物でもこの天外から飛来する弾丸の射撃を免《まぬ》かれることは出来ない訳である。従ってわれわれの大事な五体も不断にこの弾丸のために縦横無尽に射通されつつあるのは事実で、しかも一平方センチごとにおよそ毎分一箇くらいの割合であるから、例えば頭蓋骨だけでも毎分二、三百発、一昼夜にすれば数十万発の微小な弾丸で射通されている。それだのに、可笑《おか》しいことには、われわれはそんなことは全く夢にも知らずに平気ですましていられるのである。針一本でも突刺されれば助からぬ脳髄を、これだけの弾丸が貫通して平気でいられるのは、その弾丸が微小であるためというよりはむしろあまりに貫通力が絶大であるためであるとも考えられる。

それはとにかく、こういう弾丸が脳を貫通していて、それが絶対になんらの影響をも人間に与えないかという疑問に対しては現代の科学では遺憾ながら確定的な返答が出来ない。従ってそれがなんらの影響もないと断言する根拠ももちろんないのである。

宇宙線が脳を通過する間に脳を組成する色々な複雑な炭素化合物の分子あるいは原子の若干《じゃっかん》のものに擾乱《じょうらん》(2)を与えてそれを電離しあるいは破壊するのは当然の事であるが、その電離または破壊が脳の精神機能の中枢としての作用になんらかの影響を及ぼすことがあるかもしれないと想像することは、決して科学的に全く不合理のことではないように思われる。

脳髄の中にある原子の数はたぶん十の二十何乗という莫大な数であろう。その中の二つ三つがどうにかなったとしても大した事はなさそうにも思われるが、しかしまた脳髄によって営まれていると考えられる精神現象の複雑さは想像の出来ないほど多様なものである。例えば、一万種の語彙《ごい》があるとしてその中からたった七語の錯列《パーミュテーション》(3)を作るとすると約十の二十八乗だけの組合せが出来るが、われわれの脳髄はきわめて楽にその組合せのおのおのの区別を判別する能力をもっている。それどころか、昔でさえも例えば論語を全部暗誦《あんしょう》する人は珍しくなかった。それだけのきわめて卑近な簡単な一例から考えても、人間の脳の機能に関係する原子分子の一つ一つの役目が、それほど閑散な、あってもなくても済むようなものではないであろうということが想像される。そうだとすると、約二、三百の宇宙線が、ある一時間に、ある人の脳髄の中にいかなる弾道を画いたかが、その脳の持主に何がしかの影響を及ぼすことになってもよさそうに思われて来る。例えば「紅茶にしようか、コーヒーにしようか」というような場合に、「そのどっちか」にきめさせるという程度の影響がないとも限らない。

ある一つのスペルマトゾーン(4)の運動径路がきわめてわずか右するか左するかでナポレオンが生れるか生れぬかが決定し、従って欧洲の歴史が決定したと云った人があるが、ある人間のある瞬間に宇宙線が脳のどの部分をどう通過するかによって、その人の一生の運命が決定することもありはしないか。

人間の自由意志と称するものは、有限少数な要素の決定的古典的な物理的機巧では説明される見込のないものであるが、非常に多数な要素から成立つ統計的偶然的体系によって説明される可能性はあるであろう。そういう説明が可能となった暁《あかつき》には、この宇宙線のごときもその自由意志の物理的機巧の一つの重要な役目をもつものとして幅を利《き》かすようにならないとも限らない。

長閑《のどか》な春日《しゅんじつ》の縁側に猫が二匹並んで坐っている。庭の樹々の梢には小鳥の影がちらちらする。二匹の猫があちらこちらに首を曲げたり耳を動かしたりするのが、まるで申合せたようにほとんど同時に同一の挙動をする。ちょうど時計仕掛で拍子を合せた二つの器械のように見える。それが、どうかした拍子で、ふいと二つの猫の個性だか自由意志だかが現われて両《ふた》つがちがった挙動をするようになる。これは二つの猫の位置のわずかな差のために生ずる些細な音や光の刺戟《しげき》の差でも説明されるかもしれないが、しかしまた猫の「自由意志」にも支配されると考えられよう。その自由意志が秋毫《しゅうごう》(5)も宇宙線に影響されないとは保証出来ないような気がする。

以上は云わば他愛もない春宵《しゅんしょう》の空想に過ぎないのであるが、しかし、ともかくもわれわれが金城鉄壁《きんじょうてっぺき》と頼みにしている頭蓋骨を日常不断に貫通する弾丸があって、しかもほんの近頃までは誰一人夢にもそれを知らずにいたというだけは確かな事実なのである。しかもその弾丸の本性はまだ誰にも分からないのである。

科学はやはり不思議を殺すものでなくて、不思議を生み出すものである。

(一九三三年　五十五歳)

「手首」の問題

バイオリンやセロを弾いて好い音を出すのはなかなか六ケ《むつ》しいものである。同じ楽器を同じ弓でひくのに、下手《へた》と上手《じょうず》ではまるで別の楽器のような音が出る。下手な者は無理に弓の毛を絃に押し付けこすりつけてそうして強《し》いていやな音を搾《しぼ》り出しているように見えるが、上手な玄人《くろうと》となると実にふわりと軽くあてがった弓を通じてあたかも楽器の中から易々《やすやす》と美しい音の流れを抽《ひ》き出しているかのように見える。これは吾々素人《しろうと》の眼には実際一種の魔術であるとしか思われない。玄人の談によると、強いフォルテ(1)を出すのでも必ずしも弓の圧力や速度だけではうまく出るものではないそうである。例えばイザイ(2)の持っていたバイオリンはブリジが低くて絃が指板にすれすれになっていた、他人が少し強く弾こうとすると絃が指板にぶつかって困ったが、イザイはこれで易々と驚くべき強大な好い音を出したそうである。この魔術の大事の品玉《しなだま》は全くあの弓を導く右手の手首にあるらしい。手首の関節が完全に柔らかく自由な屈撓性《くつとうせい》を備えていて、極めて微妙な外力の変化に対しても鋭敏に且《か》つ規則正しく弾性的に反応するということが必要条件であるらしい。勿論《もちろん》これに関してはまだ十分に科学的な研究は出来ていないからあまり正確な事は云われないであろうが、しかし、いわゆるボーイングの秘密の最も主要な点がここにあるだけは疑いのないことのようである。物理学的に考えてみると、一度始まった絃の振動をその自然の進行のままに進行させ、そうしてそのエネルギーの逸散《いっさん》を補《おぎな》うに足るだけの供給を、絃と弓の毛との摩擦《まさつ》に打勝つ仕事によって注ぎ込んで行くのであるが、その際もし用弓に少しでも無理があると、せっかく規則正しく進行している振動を一時邪魔したり、また急に途中から別な余計な振動を紛れ込ませたりしてそのために音が汚くなってしまうのである。そういうことのないようにするためには弓が極めて敏感に絃の振動状態に反応して、丁度《ちょうど》絃の要求するエネルギーを必要にして且つ有効な位相において供給しなければならない。この微妙な反応機巧は絃と弓とが一つの有機的な全系統を形成していて、そうして外部から我儘《わがまま》な無理押しの加わらない事が緊要《きんよう》である。しかし弓の毛にも多少のむらがあるのみならず、弓の根元に近い方と尖端《せんたん》に近い方とでは色々の関係がちがうから、そういう変化にも臨機に適当に順応して自由な絃の運動を助長し一様に平滑《へいかつ》に好い音を出すためには、ただ機械的に一定圧力、一定速度で直線的に弓を動かすだけではいけないであろう。それには、もっとデリケートな調節器官が入用であって、その大切な役目を務めるのが弓を持った演奏者の手首であるらしい。普通の初等物理学教科書などには絃が独立した振動体であるようなことになっているが、あれも厳密に云えば絃も楽器全体も弓も演奏者の手もおよそ引くるめた一つの系統として考える方が本当だと自分には思われる。そうして音の振動数は主として絃で決定するが、音色を決定する因子中の最も主要なものが手首の運動を司《つかさど》るところの筋肉の微妙な調節にあるように思われるのである。

このように楽器の部分としての手首、あるいはむしろ手首の屈曲を支配する筋肉は、少しも強直《こうちょく》しない、全く弛緩《しかん》した状態になっていて、しかも如何《いか》なる微細《びさい》の力の変化に対しても弾性的に反応するのでなければならないのである。

この手首の自由の問題は絃楽器のボーイングに限らずその他の色々な技術の場合にも起って

来るから面白い。

球突きをするのにキュー尻《じり》の方を持つ手の手首を強直しないよう自由に開放することが必要条件である。手首が硬直凝固の状態になっていてはキューの真直ぐなピストン的運動が困難であるのみならず、種々の撞《つ》き方に必要なキューの速度加速度の時間的経過を自由に調節することも不可能であるように見える。特に軽快な引き球などの出来ると出来ないは主としてこの手首の自由さに係わるように思われるのである。

ゴルフについては自分自身には少しの体験も持合せないのであるが、T氏の話によるとあれのクラブの使用にもやはり自由なる手首の問題が最も大切だということになっているそうである。

いわゆるスモークボールを飛ばして打者を眩惑《げんわく》する名投手グローブ(3)の投球の秘術《ひじゅつ》もやはり主として手首にあるという説を近頃ある人から聞いた。真偽は別として、それは力学的にも極めて理解しやすいことだと思われる。

中学時代に少しばかり居合抜《いあいぬき》の稽古《けいこ》をさせられたことがある。刀身の抜き差しにも手首の運動が肝要な役目を勤める。また真剣を上段から打ち下ろす時にピューッと音がするようでなければならない。それには勿論刃が真直ぐになることも必要であるが、その上に手首が自由な状態にあることが必要条件であるように思われた。従って人を斬《き》る場合にでも同様なことが当て嵌《は》まるであろうと思われる。撃剣でも竹刀《しない》の打ち込まれる電光石火の迅速な運動に、この同じ手首が肝心な役目を務めるであろうということも想像されるであろう。

　こんな話を偶然ある軍人にしたら、それは面白いことであると云ってその時話して聞かせたところに拠《よ》ると、乗馬の稽古をするときに、手綱《たづな》をかいくる(4)手首の自由な屈撓性を養うために、手首をぐるぐる廻転させるだけの動作を繰返しやらされるそうである。

　どうも世の中の事が何でも彼でもみんな手首の問題になって来るような気がするのであった。そう云えばすりこぎでとろろをすっているのなどを見ても、どうもやはり手首の運用で巧拙が別れるような気がする。

　ところが、手首にもやはり人によって異なる個性のあるものだという事実をある偶然な機会によって発見した。それは、セロの曲中に出て来る急速なアルペジオ(5)を弾くのに、絃から絃と弓を手早く移動させるために手首を色々な角度に屈曲させる。その練習をしている際に私の先生の手首と自分の手首とでは、手首の曲る角度の変化の範囲はほぼ同じであるが、しかしその両極端の位置、従ってその平均の位置における角度がかなり著しく違うということに気がついたのである。それで、先生には最も自然で無理のない手首の姿勢が弟子の自分には非常に苦しい、無理な、むしろ不可能に近いものになるのであった。しかしその先天的の相違を認めてもらって、それ以外の要領を授かれば、結果においては同じ事になってしまうのである。それで先生は弟子の手首の恰好《かっこう》を見ただけで弟子を叱《しか》るわけにはゆかない。

手首の問題についての自分の経験は先ずこれだけであるが、よく考えてみると、この手首の問題を想い出させるような譬喩《ひゆ》的な手首の問題がいろいろあることに気が付く。

科学の研究に従事するものがある研究題目を捕えてその研究に取りかかる。何かしらある見当をつけて、こうすればこうなるだろうと思って実験を始める。その場合に、もし研究者の自我がその心眼の明を曇らせるようなことがあると、とんでもない失敗をする恐れがある。そうでない結果をそうだと見誤ったり、あるいは期待した点はその通りであっても、それだけでなく外《ほか》に色々もっと重大な事実が眼前に歴然と出現していても、それには全く盲目であって、そのために意外な誤った結論に陥るという危険が往々ある。それで科学者は眼前に現われる現象に対して云わば赤子のごとき無私無我の心をもっていなければならない。止水明鏡のごとくにあらゆるものの姿をその有りのままに写すことが出来なければならない。武芸の達人が夜半の途上で後ろから突然切りかけられてもひらりと身をかわすことが出来る、それと同じような心の態度を保つことが出来なくては、瞬時の間に現われて消えるような機微《きび》の現象を発見することは不可能である。それには心に私がなく、云わば「心の手首」が自由に柔らかく弾性的であることが必要なのではないか。

誰であったかある学者が次のようなことを云っていた。「自然の研究者は自然を捻《ね》じ伏せようとしてはいけない。自然をして自分の赴《おもむ》く処に赴かしめるように導けばよい。そうして自然自身をして自然を研究させ、自然の神秘を物語らせればよい。」そうして吾々は心を空虚にして、その自然の物語に耳を傾け、忠実なる記録を作ればよいのであろう。これを自分の現在の場合の言葉に翻訳すると、「研究の手首を柔らかくして、実験の弓で自然の絃線の自然の妙音を引き出せばよい」とも云われるであろう。研究者によって先天的の手首の個性の差異から来る手付きの相違はあっても、結局本当の音を出せばよいのではないか。

子供を教育するのでも、同じようなことが云われる。これについては今更云うまでもなく、既《すで》に昔から云いふるされたことである。教育者の手首が堅くてはせっかくの上等な子供の能力の絃線も十分な自己振動を遂げることが出来なくて、結局生涯本音を出さずにおしまいになるであろう。

政治の事は自分には分らない。しかし歴史を読んでみると、為政者《いせいしゃ》が君国のために、蒼生《そうせい》(6)のためにその国の行政機関を運転させるには、ただその為政者たるものが誠意誠心で報国の念に燃えているというだけでは十分でないらしく思われる。如何なる赤誠《せきせい》があっても、それがその人一人の自我に立脚したものであって、そうしてその赤誠を固執し強調するにのみ急であって、環境の趨勢《すうせい》や民心の流露《りゅうろ》(7)を無視したのでは、到底その機関の円滑な運転は望まれないらしい。内閣にしてもその閣僚の一人一人が如何に人間として立派な人が揃っていても、その施政方針が如何に理想的であっても、為政者の手首が堅過ぎては国運と民心の絃線は決して妙音を発する訳には行かないのではないか。

官海游泳術というものについてその道に詳しい人の話だというのを伝聞したことがある。それによると学校を卒業して役所へはいって属僚になってもあまり一生懸命に真面目に仕事をすると却《かえ》っていけない、そうかと云って怠けても無論いけないのだそうである。どうも甚《はなは》だ腑《ふ》に落ちない不都合な話だと思ったのであったが、しかし翻《ひるがえ》ってこれを善意に解釈してみると、やはり役人たちが銘々思い思いの赤誠の自我を無理押し合ったのでは役所という有機的な機関が円滑に運転しないから困るという意味であるらしい。役所でも会社でも云わば一つのオーケストラのようなものであってみれば、そのメンバーが堅い手首で銘々勝手に劇《はげ》しい轢音《れきおん》を放散しては困るであろうと思われる。悪く云えば「要領よく誤魔化《ごまか》す」という甚だ不祥なことが、善く云えば一つの交響楽の演奏をするということにもなり得る。銘々がソロをきかせるつもりでは成り立たないのである。

中学時代にはよく「おれは何々主義だ」と云って力瘤《ちからこぶ》を入れることが流行《はや》った。南瓜《かぼちゃ》を食わぬ主義や、いがくり頭で通す主義や、無帽主義などというのは愛嬌《あいきょう》もあるが、しかし他人の迷惑を考慮に入れない主義もあった。例えば風呂に入らぬ主義などがそれである。年を取って後までも中学時代に仕入れたそういう種類の主義に義理を立てて忠実に守りつづけて来た人も稀《まれ》にはあった。これらは珍しい手首の堅い人であろう。しかし手首の柔らかいということは無節操でもなければ卑屈な盲従でもない。自と他とが一つの有機体に結合することによってその結合に可能な最大の効率を上げ、それによって同時に自他二つながらの個性を発揚することでなければならない。

孔子や釈迦《しやか》や耶蘇《イエス》も色々なちがった言葉で手首を柔らかく保つことを説いているような気がする。しかし近頃の新しい思想を説く人の説だというのを聞いていると、正《まさ》しくそれとは反対でなければならないことになるらしく見える。何でも相生《そうしよう》の代りに相剋《そうこく》、協和の代りに争闘で行かなければ嘘だというように教えられるのであるらしい。その理論がまだ自分にはよく分らない。

三つの音が協和して一つの和絃《かげん》(8)を構成するということは、三つの音がそれぞれ互いに著《いちじる》しく異なる特徴をもっている、それを一緒に相戦わせることによってそこに協和音のシンセシス(9)が生ずる。しかしその場合の争闘相剋は争闘のための争闘ではなくて協和のための争闘である。勝手な音を無茶苦茶に衝突させ合ったのでは徒《いたずら》に耳を痛めるだけであろう。

バイオリンの音を出すのでも、弓と絃との摩擦という、云わば一つの争闘過程によって絃の振動が誘発されるとも考えられる。しかしそれは結局は絃の美しい音を出すための争闘過程であって、決して鋸《のこぎり》の目立てのような、如何なる人間の耳にも不快な音を出すためではないのである。しかし弓を動かす演奏者の手首が我儘に堅くては、それこそ我利我利という不快な音以外の音は出ないであろう。そうしてそういう音では決して聞く人は踊らないであろう。

欧洲大戦前におけるカイゼル・ウィルヘルムのドイツ帝国も対外方針の手首が少し堅過ぎたように見受けられる。その結果が世界をあのような戦乱の渦中《かちゅう》に巻込んだのではないかという気がする。ともかくもこれにもやはり手首の問題が関係していると云ってもよい。これは盛運の上げ潮に乗った緊張の過ぎた結果であったと思われる。深く鑑《かんが》みるべきである。

近頃スペインの舞姫テレジーナの舞踊を見た。これも手首の踊りであるように思われた。そうしてそのあまりに不自然に強調された手首のアクセントが自分には少し強過ぎるような気もした。しかしこれが却っていわゆる近代人の闘争趣味には合うのかもしれないと思われるのであった。

しかし、時代思想がどう変ってもバイオリンの音の出し方には変りがないのは不思議である。いわゆる思想は流動しても科学的の事実は動かないからであろう。馬の手綱のとり方の要領の変らないのは、千年や二千年くらい経っても馬はやはり同じ馬だからであろう。一人の哲学者が一言二言云ったというだけで人間全体が別種の存在に変って人間界の方則があべこべになるということは想像が出来ない。

ついでながら、揺れる電車やバスの中で立っているときの心得は、膝の関節も足首の関節も柔らかく自由にして、そうして心もち踵《かかと》を浮かせて蹠《あしうら》の前半に体重をもたせるという姿勢をとるのだそうである。大地震の時に倒れないように歩くのも同じ要領だということである。これも云わば脚の場合における「手首の問題」とでも云われるであろうか。

（一九三二年　五十四歳）

化物の進化

人間文化の進歩の道程において発明され創作された色々の作品の中でも「化物《ばけもの》」などは最も優れた傑作と云わなければなるまい。化物もやはり人間と自然の接触から生れた正嫡子《せいちゃくし》(1)であって、その出入りする世界は一面には宗教の世界であり、また一面には科学の世界である。同時にまた芸術の世界ででもある。

いかなる宗教でもその教典の中に「化物」の活躍しないものはあるまい。化物なしにはおそらく宗教なるものは成立しないであろう。もっとも時代の推移に応じて化物の表象は変化するであろうが、その心的内容においては永久に同一であるべきだと思われる。

昔の人は多くの自然界の不可解な現象を化物の所業として説明した。やはり一種の作業仮説である。雷電《らいでん》の現象は虎《とら》の皮の褌《ふんどし》を着けた鬼の悪巫山戯《わるふざけ》として説明されたが、今日では空中電気と称する怪物の活動だと云われている。空中電気というと分ったような顔をする人は多いがしかし雨滴《うてき》の生成分裂によっていかに電気の分離蓄積が起り、いかにして放電が起るかは専門家にもまだよくは分らない。今年のグラスゴーの科学者の大会でシンプソンとウィルソン(2)と二人の学者が大議論をやったそうであるが、これは正《まさ》にこの化物の正体に関する問題についてであった。結局はただ昔の化物が名前と姿を変えただけの事である。

自然界の不思議さは原始人類にとっても、二十世紀の科学者にとっても同じくらいに不思議である。その不思議を昔われらの先祖が化物へ帰納したのを、今の科学者は分子原子電子へ持って行くだけの事である。昔の人でもおそらく当時彼等の身辺の石器土器を「見る」と同じ意味で化物を見たものはあるまい。それと同じようにいかなる科学者でもまだ天秤《てんびん》や試験管を「見る」ように原子や電子を見た人はないのである。それで、もし昔の化物が実在でないとすれば今の電子や原子も実在ではなくて結局一種の化物であると云われる。原子電子の存在を仮定する事によって物理界の現象が遺憾《いかん》なく説明し得られるからこれらが物理的実在であると主張するならば、雷神の存在を仮定する事によって雷電風雨の現象を説明するのとどこがちがうかという疑問が出るであろう。もっとも、これには明らかな相違の点がある事はここで改まって云うまでもないが、しかしまた共通なところもかなりにある事は争われない。ともかくもこの二つのものの比較はわれわれの科学なるものの本質に関する省察の一つの方面を示唆《しさ》する。

雷電の怪物が分解して一半は科学の方へ入り一半は宗教の方へ走って行った。すべての怪異も同様である。前者は集積し凝縮し電子となりプロトーン(3)となり、後者は一つにかたまり合って全能の神様になり天地の大道となった。そうして両者共に人間の創作であり芸術である。流派がちがうだけである。

それ故に化物の歴史は人間文化の一面の歴史であり、時と場所との環境の変化がこれに如実《にょじつ》に反映している。鎌倉時代の化物と江戸時代の化物を比較し、江戸の化物とロンドンの化物を比較してみればこの事はよく分る。

前年誰か八頭の大蛇とヒドラ(4)のお化けとを比較した人があった。近頃にはインドのヴィシヌ(5)とギリシアのポセイドン(6)の関係を論じている学者もある。またガニミード(7)神話の反映をガンダラのある彫刻に求めたある学者の考えでは、鷲がガルダ(8)に化けた事になっている。そして面白い事にはその彫刻に現わされたガルダの顔貌が、わが邦《くに》の天狗大和尚の顔によほど似たところがあり、また一方ではジャヴァのある魔神によく似ている。またわれわれの子供の時から御馴《な》染《じみ》の「赤鬼」の顔がジャヴァ、インド、東トルキスタンからギリシアへかけて、色々の名前と表情とをもって横行している。また大江山の酒顚童子《しゅてんどうじ》(9)の話とよく似た話が支那《しな》にもあるそうであるが、またこの話はユリシースのサイクロップス退治(10)の話とよほど似たところがある、のみならずこのシュテンドウシがアラビアから来たマレイ語で「恐ろしき悪魔」という意味の言葉に似ており、もう一つ脱線すると源頼光《みなもとのよりみつ》の音読がヘラクレース(11)とどこか似通ってたり、もちろん暗合として一笑に附すればそれまでであるが、さればと云って暗合であるという科学的証明も六《むつ》かしいような事例はいくらでもある。ともかくも世界中の化物達の系図調べをする事によって古代民族間の交渉を探知する一つの手掛りとなり得る事はむしろ既知《きち》の事実である。そうして言語や文字や美術品を手掛りとするこれと同様な研究よりもいっそう有力であり得る見込がある。何故かと云えば各民族の化物にはその民族の宗教と科学と芸術とが綜合されているからである。

しかし不幸にして科学が進歩すると共に科学というものの真価が誤解され、買いかぶられた結果として、化物に対する世人の興味が不正当に稀薄《きはく》になった、今時本気になって化物の研究でも始めようという人はかなり気が引けるであろうと思う時代の形勢である。

全くこの頃は化物どもがあまりに居なくなり過ぎた感がある。今の子供等が御伽噺《おとぎばなし》の中の化物に対する感じはほとんどただ空想的な滑稽味《こっけいみ》あるいは怪奇味だけであって、われわれの子供時代に感じさせられたように頭の頂上から足の爪先《つまさき》まで突き抜けるような鋭い神秘の感じはなくなったらしく見える。これはいったいどちらが子供等にとって幸福であるか、どちらが子供等の教育上有利であるか、これも存外《ぞんがい》多くの学校の先生の信ずるごとくに簡単な問題ではないかもしれない。西洋の御伽噺に「ゾッとする」とはどんな事か知りたいという馬鹿者《ばかもの》があってわざわざ化物屋敷へ探険に出かける話があるが、あの話を聞いてあの豪傑《ごうけつ》を羨ましいと感ずべきか、あるいは可哀相と感ずべきか、これも疑問である。ともかくも「ゾッとする事」を知らないような豪傑が、仮《かり》に科学者になったとしたら、先《ま》ずあまりたいした仕事は出来そうにも思われない。

仕合せな事にわれわれの少年時代の田舎《いなか》にはまだまだ化物が沢山に生き残っていて、そしてそのおかげでわれわれは十分な「化物教育」を受ける事が出来たのである。郷里の家の長屋に重兵衛《じゅうべえ》さんという老人が居て、毎晩晩酌の肴《さかな》に近所の子供等を膳の向いに坐らせて、生《なま》のにんにくをぼりぼりかじりながらうまそうに熱い杯《さかずき》を嘗《な》めては数限りもない化物の話をして聞かせた。想うにこの老人は一千一夜物語の著者のごとき創作的天才であったらしい。そうして伝説の化物新作の化物どもを随意に眼前に躍らせた。われわれの臆病なる小さな心臓は老人の意のままに高く低く鼓動した。夜更けて帰るおのおのの家路には樹の蔭、河の岸、路地の奥の到るところにさまざまな化物の幻影が待伏《まちぶ》せて動いていた。化物は実際に当時のわれわれの世界にのびのびと生活していたのである。中学時代になってもまだわれわれと化物との交渉は続いていた。友人で禿《はげ》のNというのが化物の創作家として衆に秀でていた。彼は近所のあらゆる曲り角や芝地や、橋の袂《たもと》や、大樹の梢やに一つずつきわめて恰好《かっこう》な妖怪を創造して配置した。例えば「三角芝《さんかくしば》の足舐《あしねぶ》り」とか「T橋の袂の腕真砂《うでまさご》」などという類である。前者は河沿のある芝地を空風《からかぜ》の吹く夜中に通っていると、何者かが来て不意にべろりと足を嘗める、すると急に発熱して三日のうちに死ぬかもしれないという。後者は、城山の麓《ふもと》の橋の袂に人の腕が真砂のように一面に散布していて、通行人の裾《すそ》を引き止め足をつかんで歩かせない、これに会うとたいていはその場で死ぬというのである。もちろんもう「中学教育」を受けているその頃のわれわれは誰もそれらの化物をわれわれの五官に触れ得べき物理的実在としては信じなかった。それにかかわらずこの創作家Nの芸術的に描き出した立派な妖怪の「詩」はわれわれのうら若い頭に何かしら神秘な雰囲気のようなものを吹き込んだ、あるいは神秘な存在、不可思議な世界への憧憬《どうけい》に似たものを鼓吹《こすい》したように思われる。日常茶飯《さはん》の世界の彼方に、常識では測り知り難い世界がありはしないかと思う事だけでも、その心は知らず知らず自然の表面の諸相の奥に隠れたある物への省察へ導かれるのである。

このような化物教育は、少年時代のわれわれの科学知識に対する興味を阻害しなかったのみならず、かえってむしろますますそれを鼓舞したようにも思われる。これは一見奇妙なようではあるが、よく考えてみるとむしろ当然な事でもある。皮肉なようであるがわれわれに本当の科学教育を与えたものは、数々の立派な中等教科書よりは、むしろ長屋の重兵衛さんと友人の

Nであったかもしれない。これは必ずしも無用の変痴奇論《へんちきろん》ではない。

不幸にして科学の中等教科書は往々にしてそれ自身の本来の目的を裏切って被教育者の中に芽生えつつある科学者の胚芽《はいが》を殺す場合がありはしないかと思われる。実は非常に不可思議で、誰にも本当には分らない事をきわめて分り切った平凡な事のようにあまりに簡単に説明して、それでそれ以上には何の疑問もないかのようにすっかり安心させてしまうような傾きがありはしないか。そういう科学教育が普遍となりすべての生徒がそれをそのまま素直に受け入れたとしたら、世界の科学はおそらくそれきり進歩を止めてしまうに相違ない。

通俗科学などと称するものがやはり同様である。「科学ファン」を喜ばすだけであって、本当の科学者を培養《ばいよう》するものとしては、どれだけの効果が果してその弊害《へいがい》を償《つぐな》い得るか問題である。特にそれが科学者としての体験を有《も》たない本当のジャーナリストの手によって行われる場合にはなおさらの考えものである。

こういう皮相的科学教育が普及した結果として、あらゆる化物どもは函嶺《はこね》はもちろん日本の国境から追放された。あらゆる化物に関する貴重な「事実」をすべて迷信という言葉で抹殺する事がすなわち科学の目的であり手柄《てがら》ででもあるかのような誤解を生ずるようになった。これこそ「科学に対する迷信」でなくて何であろう。科学の目的は実に化物を捜し出す事なのである。この世界がいかに多くの化物によって充たされているかを教える事である。

昔の化物は昔の人にはちゃんとした事実であったのである。一世紀以前の科学者に事実であった事柄が今では事実でなくなった例はいくらもある。例えば電気や光熱や物質に関するわれわれの考えでも昔と今とはまるで変ったと云ってもよい。しかし昔の学者の信じた事実は昔の学者にはやはり事実であったのである。神鳴《かみな》りの正体を鬼だと思った先祖を笑う科学者が、百年後の科学者に同じように笑われないと誰が保証し得るであろう。

古人の書き残した多くの化物の記録は、昔の人に不思議と思われた事実の記録と見る事が出来る。今日の意味での科学的事実では到底《とうてい》有り得ない事はもちろんであるが、しかしそれらの記録の中から今日の科学的事実を掘り出し得る見込のある事はたしかである。

そのような化物の一例として私は前に「提馬風《たいばふう》」(12)のお化けの正体を論じた事がある。その後に私の問題となった他の例は「鎌鼬《かまいたち》」と称する化物の事である。

鎌鼬の事は色々の書物にあるが、『伽婢子《おとぎぼうこ》』という書物に拠ると、関東地方にこの現象が多いらしい、旋風が吹きおこって「通行人の身にものあらくあたれば股のあたり竪《たて》さまにさけて、剃刀《かみそり》にて切りたるごとく口ひらけ、しかも痛みはなはだしくもなし、また血は少しも出ず、云々」とあり、また名字正しき侍にはこの害なく卑賤《ひせん》の者は金持でもあてられるなどと書いてある。ここにも時代の反映が出ていて面白い。『雲萍雑誌《うんぴょう》』には「西国方《さいこくがた》に風鎌《かざかま》というものあり」としてある。この現象については先年わが邦のある学術雑誌で気象学上から論じた人があって、その所説によると旋風の中では気圧がはなはだしく低下するために皮膚が裂けるのであろうと説明してあったように記憶するが、この説は物理学者には少し腑に落ちない。たとえかなりな真空になってもゴム球か膀胱《ぼうこう》か何かのように脚部の破裂する事はありそうもない。これは明らかに強風のために途上の木竹片あるいは砂粒のごときものが高速度で衝突するために皮膚が截断《せつだん》されるのである。旋風内の最高風速はよくは分らないが毎秒七、八十メートルを超える事も珍しくはないらしい。弾丸の速度に比べれば問題にならぬが、玩具《おもちゃ》の弓で射た矢よりは速いかもしれない。数年前アメリカの気象学雑誌に出ていた一例によると、麦藁《むぎわら》の茎が大旋風に吹きつけられて堅い板戸に突きささって、ちょうど矢の立ったようになったのが写真で示されていた。麦藁が板戸に穿入《せんにゅう》するくらいなら、竹片が人間の肉を破ってもたいして不都合はあるまいと思われる。下賤《げせん》の者にこの災が多いというのは統計の結果でもないから問題にならないが、しかし下賤の者の総数が高貴な者の総数より多いとすれば、それだけでもこの事は当然である。その上にまた下賤のものが脚部を露出して歩く機会が多いとすればなおさらの事である。また関東に特別に旋風が多いかどうかはこれも十分な統計的資料がないから分らないが、小規模のいわゆる「塵旋風《ちりせんぷう》」は武蔵野のような平野に多いらしいから、この事も全く無根ではないかもしれない。

怪異を科学的に説明する事に対して反感を懐《いだ》く人もあるようである。それはせっかくの神秘なものを浅薄なる唯物論者の土足に踏みにじられるといったような不快を感じるからであるらしい。しかしそれは僻見《へきけん》であり誤解である。いわゆる科学的説明が一通り出来たとしても実はその現象の神秘は少しも減じないばかりでなくむしろますます深刻になるだけの事である。例えば鎌鼬の現象が仮に前記のような事であるとすれば、本当の科学的研究は実はそこから始まるので、前に述べた事はただ問題の構成《フォーミュレーション》であって解決《ソリューション》ではない。またこの現象が多くの実験的数理的研究によって、いくらか詳しく分ったとしたところで、それからさきの問題は無限である。そうして何の何某《なにがし》が何日にどこでこれに遭遇するかを予言する事はいかなる科学者にも永久に不可能である。これをなし得るものは「神様」だけである。

「鸚鵡石《おうむいし》」という不思議な現象の記事を、『輶軒小録《ゆうけんしょうろく》』、『提醒紀談《ていせいきだん》』、『笈埃《きゅうあい》随筆』等で散見する。これは山腹に露出した平滑《へいかつ》な岩盤が適当な場所から発する音波を反響させるのだという事は今日では小学児童にでも分る事である。岩面に草木があっては音波を擾乱《じょうらん》するから反響が十分でなくなる事も多くの物理学生には明らかである。しかしこれらの記録中で面白いと思わるるのは、ある書では笛の音がよく反響しないとあり、他書には鉦鼓鈴《かねつづみすず》のごときものがよく響かないとある事である。『笈埃随筆』では「この地は神跡《しんせき》だから仏具を忌《い》むので、それで鉦や鈴は響かぬ」と云う説に対し、そんな馬鹿な事はないと抗弁し「それならば念仏や題目を唱えても反響しないはずだのに、反響するではないか」などという議論があり、結局五行説《ごぎょうせつ》か何かへ持って行って無理に故事《こじ》付けているところが面白い。五行説は物理学の卵子《たまご》であるとも云われる。これについて思い出すのは十余年前の夏大島三原火山を調べるために、あの火口原の一隅《いちぐう》に数日間の天幕《テント》生活をした事がある。風のない穏やかなある日あの火口丘《かこうきゅう》の頂に立って大きな声を立てると前面の火口壁から非常に明瞭な反響が聞えた。面白いので試みにアー、イー、ウー、エー、オーと五つの母音を交互に出してみると、ア、オなどは強く反響するのにイやエは弱く短くしか反響しない。これはたぶん後の母音は振動数の多い上音《オバートーン》に富むため、またそういう上音《オバートーン》はその波長の短いために吸収分散が多く結局全体としての反響の度が弱くなるからではないかと考えてみた事がある。ともかくもこの事と、鸚鵡石で鉦や鈴や調子の高い笛の音の反響しないという記事とは相照応する点がある。しかしこれも本式に研究してみなければよくは分らない。

近頃は海の深さを測定するために高周波の音波を船底から海水中に送り、それが海底で反響するのを利用する事が実行されるようになった。これを研究した学者達が、どの程度まで上記の問題に立入ったか私は知らない。しかしこの鸚鵡石で問題になった事はこの場合当面の問題となって再燃しなければならないのである。伊勢《いせ》の鸚鵡石にしても今の物理学者が実地に出張して研究しようと思えばいくらでも研究する問題はある。そしてその結果は例えば大講堂や劇場の設計などに何かの有益な応用を見出すに相違ない。

余談ではあるが、二十年ほど前にアメリカの役者が来て、たしか歌舞伎座であったかと思うが、「リップ・ヴァン・ウィンクル」の芝居をした事がある。山の中でリップ・ヴァン・ウィンクルが元気よく自分の名を叫ぶと、反響が大勢の声として「リーッウ・ウァーン・ウィーンウール」と調子の低い空虚な気味の悪い声で嘲《あざけ》るように答えるのが、いかにも真に迫って面白かったのを記憶する。これは前述のような理由で音声の音色が変る事と、反射面に段階のあるために音が引延ばされまた幾人もの声になって聞える事と、この二つの要素がちゃんとつかまれていたからである。想うにこの役者は「木魂《こだま》」のお化けをかなりに深く研究したに相違ないのである。

『伽婢子』巻の十二に「大石相戦《おおいしあいたたこう》」と題して、上杉謙信《うえすぎけんしん》の春日山の城で大石が二つ或る日の夕方しきりに躍り動いて相衝突し夜半過ぎまで喧嘩《けんか》をして結局互いに砕けてしまった。それから間もなく謙信が病死したとある。これももちろんあまり当《あて》にならない話であるが、しかし作りごとにしてもなんらかの自然現象から暗示された作りごとであるかもしれない。私の調べたところでは、北陸道一帯にかけて昔も今も山崩れ地辷《じすべ》りの現象が特に著《いちじる》しい。これについては故神保博士その他の詳しい調査もあり、今でも時々新聞で報道される。地辷りの或るものでは地盤の運動は割合に緩徐《かんじょ》で[13]、辷っている地盤の上に建った家などぐらぐらしながらもそのままで運ばれて行く場合もある。従って岩などでもぐらぐら動き、また互いに衝突しながら全体として移動する事もありそうである。そういう実際の現象から「石と石が喧嘩する」というアイデアが生れたかもしれないと思われる。それで、もし、この謙信居城の地の地辷りに関する史料を捜索して何か獲物でも見付かれば少しは話が物になるが、今のところではただの空想に過ぎない。しかしこの話がともかくもそういう学問上の問題の導火線となり得る事だけは事実である。

　地変に関係のある怪異では空中から毛の降る現象がある。これについては古来記録が少なくない。これは多くの場合にたぶん「火山毛[14]」すなわち「ペレ女神の髪毛」と称するものに相違ない。江戸でも慶長寛永寛政文政の頃の記録がある。『耽奇漫録《たんきまんろく》』によると文政七年の秋降ったものは、長さの長いのは一尺七寸もあったとある。この前後伊豆大島火山が活動していた事が記録されているが、この時ちょうど江戸近くを通った颱風《たいふう》のために工合よく大島の空から江戸の空へ運ばれて来て落下したものだという事が分る。従ってそれから判断してその日の低気圧の進路のおおよその見当をつける事が可能になるのである。

気象に関係のありそうなのでは「狸《たぬき》の腹鼓《はらつづみ》」がある。この現象は現代の東京にもまだあるかもしれないが多分は他の二十世紀文化の物音に圧倒されているために誰も注意しなくなったのであろうと思う。ともかくも気温や風の特異な垂直分布による音響の異常伝播《でんぱ》と関係のある怪異であろうと想像される。今では遠い停車場の機関車の出し入れの音が時として非常に間近く聞えるといったような現象と姿を変えて注意されるようになった。狸もだいぶモダーン化したのである。このような現象でも精細な記録を作って研究すれば気象学上に有益な貢献をする事も可能であろう。

「天狗」や「河童《かっぱ》」の類となると物理学や気象学の範囲からはだいぶ遠ざかるようである。しかし「天狗様の御囃子《おはやし》」などというものはやはり前記の音響異常伝播の一例であるかもしれない。

天狗和尚とジュース(15)の神の鷲との親族関係は前に述べたが、河童が海亀の親類である事は『善庵随筆《ぜんあん》』に載っている「写生図」と記事、また『筠庭雑録《いんていざつろく》』にある絵や記載を見ても明らかである。河童の写生図は明らかに亀の主要な特徴を具備しており、その記載には現に「亀のごとく」という文句が四箇所もある。そうだとするとこれらの河童捕獲《ほかく》の記事はある年のある月にある沿岸で海亀が獲れた記録になり、場合によっては海洋学上の貴重な参考資料にならないとは限らない。

ついでながらインド辺の国語で海亀を「カチファ」という。「カッパ」と似ていて面白い。もっとも「河童」と称するものは、その実色々雑多な現象の綜合されたものであるらしいから、今日これを論ずる場合にはどうしてもいったんこれをその主要成分に分析して各成分を一々吟味《ぎんみ》した後に、これらがいかに組み合わされているか、また時代により地方によりその結合形式がいかに変化しているかを考究しなければならない。これはなかなか容易でないが、もし出来たらかなりに面白く有益であろうと思う。このような分析によって若干《じゃっかん》の化物の元素を析出すれば、他の化物はこれらの化物元素の異なる化合物として説明されないとも限らない。CとHとOだけの組合せで多数の有機物が出るようなものかもしれない。これも一つの空想である。

要するにあらゆる化物をいかなる程度まで科学で説明しても化物は決して退散も消滅もしない。ただ化物の顔貌がだんだんにちがったものとなって現われるだけである。人間が進化するにつれて、化物も進化しない訳には行かない。しかしいくら進化しても化物はやはり化物である。現在の世界中の科学者等は毎日各自の研究室に閉じ籠《こも》り懸命にこれらの化物と相撲《すもう》を取りその正体を見破ろうとして努力している。しかし自然科学界の化物の数には限りがなくおのおのの化物の面相にも際限がない。正体と見たは枯柳であってみたり、枯柳と思ったのが化物であったりするのである。この化物と科学者の戦いはおそらく永遠に続くであろう。そうしてそうする事によって人間と化物とは永遠の進化の道程をたどって行くものと思われる。

化物がないと思うのはかえって本当の迷信である。宇宙は永久に怪異に充ちている。あらゆる科学の書物は百鬼夜行《ひやっきやこう》絵巻物である。それを繙《ひもと》いてその怪異に戦慄《せんりつ》する心持がなくなれば、もう科学は死んでしまうのである。

私は時々密《ひそ》かに想う事がある、今の世に最も多く神秘の世界に出入りするものは世間からは物質科学者と呼ばるる科学研究者ではあるまいか。神秘なあらゆるものは宗教の領域を去っていつの間にか科学の国に移ってしまったのではあるまいか。

またこんな事を考える、科学教育はやはり昔の化物教育のごとくすべきものではないか。法律の条文を暗記させるように教え込むべきものではなくて、自然の不思議への憧憬を吹き込む事が第一義ではあるまいか。これには教育者自身が常にこの不思議を体験している事が必要である。既得の知識を繰返して受売りするだけでは不十分である。宗教的体験の少ない宗教家の説教で聴衆の中の宗教家を呼びさます事は稀《まれ》であると同じようなものであるまいか。

こんな事を考えるのはあるいは自分の子供の時に受けた「化物教育」の薬が利き過ぎて、せっかく受けたオーソドックスの科学教育を自分の「お化鏡《ばけかがみ》」の曲面に映して見ているためかもしれない。そうだとすればこの一篇は一つの懺悔録《ざんげろく》のようなものであるかもしれない。これは読者の判断に任せるほかにない。

伝聞するところによると現代物理学の第一人者であるデンマークのニエルス・ボーアは現代物理学の根本に横たわるある矛盾を論じた際に、この矛盾を解き得るまでにわれわれ人間の頭はまだ進んでいないだろうという意味の事を云ったそうである。この尊敬すべき大家の謙遜《けんそん》な言葉は今の科学で何事でも分るはずだと考えるような迷信者に対する箴言《しんげん》であると同時に、また私のいわゆる「化物」の存在を許す認容の言葉であるかとも思う。もしそうだとすると永い間封じ込められていた化物どももこれから公然と大手をふって歩ける事になるのであるが、これもしかし私の疑心暗鬼的の解釈かもしれない。識者の啓蒙《けいもう》を待つばかりである。

（一九二九年　五十一歳）

烏瓜の花と蛾

今年は庭の烏瓜《からすうり》がずいぶん勢いよく繁殖した。中庭の四《よ》ツ目垣《めがき》の薔薇《ばら》にからみ、それから更に蔓《つる》を延ばして手近なさんごの樹を侵略し、いつの間にかとうとう樹冠の全部を占領した。それでも飽き足らずに今度は垣の反対側の楓樹《かえでのき》までも触手をのばしてわたりを付けた。そうしてその蔓の端は茂った楓の大小の枝の間から糸のように長く垂れさがって、もう少しでその下の紅蜀葵《こうしょつき》の頭に届きそうである。この驚くべき征服慾は直径わずかに二、三ミリメートルくらいの細い茎を通じてどこまでもと空中に流れ出すのである。

毎日 夥《おびただ》しい花が咲いては落ちる。この花は昼間はみんな蕾《つぼ》んでいる。それが小さな、可愛らしい、夏夜の妖 精《フエアリー》の握り拳《こぶし》とでも云った恰好《かっこう》をしている。夕方太陽が没してもまだ空のあかりが強い間はこの拳は堅くしっかりと握りしめられているが、ちょっと眼を放していてやや薄暗くなりかけた頃に見ると、もうすべての花は一遍に開き切っているのである。スウィッチを入れると数十の電灯が一度に灯《とも》ると同じように、この植物のどこかに不思議なスウィッチがあって、それが光の加減で自働的に作用して一度に花を開かせるのではないかと思われるようである。ある日の暮方《くれがた》、時計を手にして花の咲くのを待っていた。縁側で新聞が読めるか読めないかというくらいの明るさの時刻が開花時で、開き始めから開き終りまでの時間の長さは五分と十分の間にある。つまり、十分前には一つも開いていなかったのが十分後にはことごとく満開しているのである。実に驚くべき現象である。

烏瓜の花は「花の骸骨《がいこつ》」とでも云った感じのするものである。遠くから見ると吉野紙《よしのがみ》(1)のようでもありまた一抹《いちまつ》の煙のようでもある。手に取って見ると、白く柔らかく、少しの粘りと臭気のある繊維が、五葉の星形の弁の縁辺から放射し分岐して細かい網のように拡がっている。莟んでいるのを無理に指先でほごして開かせようとしても、この白い繊維は縮れ毛のように捲き縮んでいてなかなか思うようには延ばされない。強《し》いて延ばそうとすると千切《ちぎ》れがちである。それが、空の光の照明度がある限界値に達すると、多分細胞組織内の水圧の高くなるためであろう、螺旋《らせん》状の縮みが伸びて、するすると一度にほごれ拡がるものと見える。それで烏瓜の花は、云わば一種の光度計《フォトメーター》のようなものである。人間が光度計を発明するよりもおそらく何万年前からこんなものが天然にあったのである。

烏瓜の花が大方《おおかた》開き切ってしまう頃になると、どこからともなく、ほとんど一斉《いっせい》に沢山の蛾《が》が飛んで来てこの花をせせって歩く。無線電話で召集でもされたかと思うように一時にあちらからもこちらからも飛んで来るのである。これもおそらく蛾が一種の光度計を所有しているためであろうが、それにしても何町何番地のどの家のどの部分に烏瓜の花が咲いているということを、前からちゃんと承知しており、またそこまでの通路をあらかじめすっかり研究しておいたかのように真一文字に飛んで来るのである。

初めて私の住居を尋ねて来る人は、たとえ真昼間でも、交番やら店屋などを聞き聞き何度もまごついて後にやっと尋ねあてるくらいなものである。

この蛾は、戸外がすっかり暗くなって後は座敷の電灯を狙いに来る。大きな烏瓜か夕顔の花とでも思うのかもしれない。たまたま来客でもあって応接していると、肝心な話の途中でもな時には一向会釈《いっこうえしゃく》なしにいきなり飛込んで来て直《ただ》ちに忙《せ》わしく旋回運動を始めるのであるが、時には失礼にも来客の頭に顔に衝突し、そうしてせっかく接待のために出してある茶や菓子の上に箔《はく》の雪を降らせる。主客総立ちになって奇妙な手付をして手に手に団扇《うちわ》を振廻わしてみてもなかなかこれが打落されない。テニスの上手な来客でもこの羽根の生えたボールでは少し見当が違うらしい。婦人の中には特にこの蛾をいやがりこわがる人が多いようである。今から三十五年の昔のことであるが或る田舎《いなか》の退役軍人の家で大事の一人息子に才色兼備の嫁を貰った。ところが、その家の庭に咲き誇った夕顔をせせりに来る蛾の群が時々この芳紀《ほうき》(2)二八《にはち》の花嫁をからかいに来る、その度《たび》に花嫁がたまぎるような悲鳴を上げてこわがるので、息子思いの父親はその次の年から断然夕顔の栽培を中止したという実例があるくらいである。この花嫁は実際夕顔の花のような感じのする女であったが、それからわずかに数年の後亡くなった。この花嫁の花婿であったところの老学者の記憶には夕顔の花と蛾とにまつわる美しくも悲しい夢幻の世界が残っている。そう云って彼は私に囁《ささや》くのである。私には彼女がむしろ烏瓜の花のように果《は》敢《か》ない存在であったように思われるのである。

大きな蛾の複眼に或《あ》る適当な角度で光を当てて見ると気味の悪いように赤い、燐光《りんこう》に類した光を発するのがある。何となく物凄い感じのするものである。昔西洋の雑誌小説で蛾のお化けの出るのを読んだことがあるが、この眼玉の光には実際多少の妖怪味と云ったようなものを帯びている。つまり、何となく非現実的な色と光があるのである。これは多分複眼の多数のレンズの作用で丁度《ちょうど》光り苔の場合と同じような反射をするせいと思われる。

蛾の襲撃で困った時には宅《うち》の猫を連れて来ると、すぐに始末が着く。二匹居るうちの黄色い方の痩《や》せっぽちの男猫が、他には何の能もない代りに蛾をつかまえることだけに妙を得ている。飛上がったと思うと、もう一遍にはたき落す。それから散々玩具《おもちゃ》にした揚句《あげく》に、空腹だとむしゃむしゃと喰ってしまうのである。猫の神経の働きの速さと狙いの正確さには吾々人間は到底《とうてい》叶わない。猫が見たら人間のテニスやベースボールは定めて間だるっこくて滑稽《こっけい》なものだろうという気がするのである。それで、仮《か》りに猫の十分の一秒が人間の一秒に相当すると、猫の寿命が八年ならば人間にとっては八十年に相当する勘定になる。どちらが長生きだかちょっと判らない。

これは書物で読んだことだが、樫鳥《かしどり》や山鳩《やまばと》や山鴫《やましぎ》のような鳥類が目にも止まらぬような急速度で錯雑《さくざつ》した樹枝の間を縫うて飛んで行くのに、決して一枚の木の葉にも翼を触れるような事はない。これは鳥の眼の調節の速さと、その視覚に応じて反射的に行われる羽翼の筋肉の機制の敏活を物語るものである。もし吾々人間にこの半分の能力があれば、銀座の四つ角で自動車電車の行き違う間を、巡査やシグナルの助けを借りずとも自由自在に通過することが出来るにちがいない。しかし人間にはシグナルがあり法律があり道徳があるために鳥獣の敏活さがなくても安心して生きて行かれる。そのために吾々はだんだんに鈍になり気永くなってしまったのであろう。

しかし鳥獣を羨んだ原始人の三つ子の心はいつまでも生き延びて現代の文明人の社会にも活動している。蛾をはたき落す猫を羨み讃歎する心がベースボールのホームランヒットに喝采《かっさい》を送る。一片の麩《ふ》を争う池の鯉の跳躍への憧憬《どうけい》がラグビー戦の観客を吸い寄せる原動力となるであろう。オリンピック競技では馬や羚羊《かもしか》や魚の妙技に肉薄しようという世界中の人間の努力の成果が展開されているのであろう。

機械的文明の発達は人間のこうした慾望の焔《ほのお》にガソリン油を注いだ。そのガソリンは、モーターに超高速度を与えて、自動車を走らせ、飛行機を飛ばせる。太平の夢はこれらのエンジンの騒音に攪乱《かくらん》されてしまったのである。

交通規則や国際間の盟約が履行されている間はまだまだ安心であろうが、そういうものが頼みにならない日がいつ何時来るかもしれない。その日が来るとこれらの機械的鳥獣の自由な活動が始まるであろう。

「太平洋爆撃隊」という映画が大変な人気を呼んだ。映画というものは、なんでも、吾々がしたくてたまらないが実際はなかなか容易に出来ないと思うような事をやって見せれば大衆の喝采を博するのだそうである。なるほどこの映画にもそういうところがある。一番面白いのは、三艘の大飛行船が船首を並べて断雲の間を飛行している、その上空に追い迫った一隊の爆撃機が急速なダイヴィングで礫《つぶて》のごとく落下して来て、飛行船の横腹と横腹との間の狭い空間を電光のごとくかすめては滝壺の燕《つばめ》のごとく舞上がる光景である。それがただ一艘ならばまだしも、数え切れぬほど沢山の飛行機が、あとからもあとからも飛び来り飛び去るのである。この光景の映写の間にこれと相錯綜《あいさくそう》して、それらの爆撃機自身に固定されたカメラから撮影された四辺の目まぐるしい光景が映出されるのである。この映画によって吾々の祖先が数万年の間羨みつづけに羨んで来た望みが遂げられたのである。吾々は、この映画を見ることによって、吾々自身が森の樹間をかける山鳩や樫鳥になってしまうのである。

こういう飛行機の操縦をするいわゆる鳥人の神経は訓練によって年とともに次第に発達するであろう。世界の人口の三分の一か五分の一かがことごとくこの鳥人になってしまったとしたら、この世界は一体どうなるであろうか。

昔の日本人は前後左右に気を配る以外にはわずかに鳶《とんび》に油揚《あぶらげ》を攫《さら》われない用心だけしていればよかったが、昭和七年の東京市民は米露の爆撃機に襲われたときに如何《いか》なる処置をとるべきかを真剣に講究しなければならないことになってしまった。襲撃者は鳶以上であるのに襲撃される市民は芋虫以下に無抵抗である。

ある軍人の話によると、重爆撃機には一キロのテルミットを千箇搭載し得るそうである。それで、ただ一台だけが防禦《ぼうぎょ》の網をくぐって市の上空をかけ廻ったとする。千箇の焼夷弾《しょういだん》の中で路面や広場に落ちたり河に落ちたりして無効になるものが仮りに半分だとすると五百箇所に火災が起る。これは勿論《もちろん》水をかけても消されない火である。そこでもし十台飛んで来れば五千箇所の火災が突発するであろう。この火事を呆然として見ていれば全市は数時間で火の海になる事は請合いである。その際もしも全市民が協力して一生懸命に消火にかかったらどうなるか。市民二百万としてその五分の一だけが消火作業に何らかの方法で手を借し得ると仮定すると、四十万人の手で五千箇所の火事を引受けることになる。すなわち一箇所につき八十人宛《あて》ということになる。さて、何の覚悟もない烏合《うごう》の衆《しゅう》(3)の八十人ではおそらく一坪の物置の火事でも消す事は出来ないかもしれないが、しかし、もしも十分な知識と訓練を具備した八十人が、完全な統制の下に、それぞれ適当なる部署について、そうしてあらかじめ考究され練習された方式に従って消火に従事することが出来れば、たとえ水道は止まってしまっても破壊消防の方法によって確実に延焼を防ぎ止めることが出来るであろうと思われる。

これは極めて大ざっぱな目の子勘定(4)ではあるが、それでもおおよその桁数《けたすう》としてはむしろ最悪の場合を示すものではないかと思われる。

焼夷弾投下のために怪我《けが》をする人は何万人に一人くらいなものであろう。老若《ろうにゃく》の外の市民は逃げたり隠れたりしてはいけないのである。空中襲撃の防禦は軍人だけではもう間に合わない。もしも東京市民が慌てて遁《に》げ出すか、あるいはあの大正十二年の関東震災の場合と同様に、火事は消防隊が消してくれるものと思って、手をつかねて見物していたとしたら、全市は数時間で完全に灰になることは確実である。昔の徳川時代の江戸町民は永い経験から割り出された賢明周到なる法令によって非常時に処すべき道を明確に指示され、そうしてこれに関する訓練を十分に積んでいたのであるが、西洋文明の輸入以来、市民は次第に赤ん坊同様になってしまったのである。考えると可笑《おか》しなものである。

何箇月か何年か、ないしは何十年の後に、一度は敵国の飛行機が夏の夕暮に烏瓜の花に集まる蛾のように一時に飛んで来る日があるかもしれない。しかしこの大きな蛾をはたき落すにはうちの猫では間に合わない。高射砲など常識で考えても到底頼みになりそうもない品物である。何か空中へ莫大な蜘蛛《くも》の網のようなものを張ってこの蛾を喰い止める工夫は無いものかと考えてみる。あるいは花火のようなものに真綿の網のようなものを丸めて打ち上げ、それが空中でぱっと烏瓜の花のように開いてふわりと敵機を包みながらプロペラにしっかりとからみ付くというような工夫は出来ないかとも考えてみる。蜘蛛のあんなに細い弱い糸の網で大きな蟬《せみ》が捕られることから考えると、蚊帳《かや》一張りほどもない網で一台の飛行機が捕えられそうにも思われるが、実際はどうだか、ちょっと試験してみたいような気がするのである。

子供の時分に蜻蛉《とんぼ》を捕るのに、細い糸の両端に豌豆《えんどう》大の小石を結び、それをひょいと空中へ投げ上げると、蜻蛉はその小石を多分餌だと思って追っかけて来る。すると糸がうまい工合に虫のからだに巻き付いて、そうして石の重みで落下して来る。あれも参考になりそうである。つまりピアノ線の両端に重錘《おもり》をつけたようなものを矢鱈《やたら》と空中に打ち上げれば襲撃飛行機隊は多少の迷惑を感じそうな気がする。少なくも爆弾よりも安価でしかも却《かえ》って有効かもしれない。

戦争のないうちは吾々は文明人であるが、戦争が始まるとたちまちにして吾々は野蛮人になり、獣になり鳥になり魚になり、また昆虫になるのである。機械文明が発達するほど一層そうなるから妙である。それで吾々はこれらの動物を師匠にする必要が起って来るのである。潜航艇のペリスコープは比良目《ひらめ》の眼玉の真似である。海翻車《ひとで》の歩行は何となくタンクを想い出させる。ガスマスクを付けた人間の顔は穀象《こくぞう》(5)か何かに似ている。今後の戦争科学者はありとあらゆる動物の習性を研究するのが急務ではないかという気がして来る。

光の加減《かげん》で烏瓜の花が一度に開くように、赤外光線でも送ると一度に爆薬が破裂するような仕掛も考えられる。鳳仙花《ほうせんか》の実が一定時間の後に独《ひと》りではじける。あれと似たような武器も考えられるのである。しかし真似したくてもこれら植物の機巧はなかなか六《むつ》かしくてよく分らない。人間の智慧はこんな些細な植物にも及ばないのである。植物が見ても人間ほど愚鈍なものはないと思われるであろう。

秋になると上野に絵の展覧会が始まる。日本画の部にはいつでも、きまって、色々の植物を主題にした大作が多数に出陳される。ところが描かれている植物の種類が大抵きまり切っていて、誰も描かない植物は決して誰も描かない。例えば烏瓜の花の絵などついぞ見た覚えがない。この間の晩、床《とこ》に這入《はい》ってから、試みに宅の敷地内にある、花の咲く植物の数を数えてみた。二、三十もあるかと思って数えてみたら、実際は九十余種あった。しかし帝展の絵に現われる花の種類は、まだ数えてみないが、おそらくずっと少なそうである。

数の少ないのはいいとしても、花らしい花の絵の少ないのにも驚歎させられる。多くの画家は花というものの意味がまるで分らないのではないかという失礼千万な疑いが起るくらいである。花というものは植物の枝に偶然に気紛れにくっついている紙片や糸屑のようなものでは決してない。吾々人間の浅墓《あさはか》な智慧などでは到底いつまでたっても究め尽せないほど不思議な真《しん》言《ごん》秘密の小宇宙なのである。それが、どうしてこうも情ない、紙細工のようなものにしか描き現わされないであろう。それにしても、ずっと昔私はどこかで僧心越《しんえつ》の描いた墨絵の芙蓉《ふよう》の小軸を見た記憶がある。暁天の白露を帯びたこの花の本当の生きた姿が実に言葉通り紙面に躍動していたのである。

今年の二科会の洋画展覧会を見ても「天然」を描いた絵はほとんど見付からなかった。昔の絵描きは自然や人間の天然の姿を洞察《どうさつ》することにおいて常人の水準以上に卓越することを理想としていたらしく見える。そうして得た洞察の成果を最も卑近《ひきん》な最も分りやすい方法によって表現したように思われる。然るにこの頃の多数の新進画家は、もう天然などは見なくてもよい、か、あるいはむしろ可成《なるべく》的見ないことにして、あらゆる素人《しろうと》よりも一層皮相的に見た物の姿をかりて、最も浅薄なイデオロギーを、しかも観者にはなるべく分りにくい形に表現することによって、何かしら大したものがそこにありそうに見せようとしている、のではないかと疑われても仕方のないような仕事をしているのである。これは天然の深さと広さを忘れて人間の私を買いかぶり思い上がった浅墓な慢心の現われた結果であろう。今年の二科会では特にひどくそういう気がして私にはとても不愉快であった。尤《もっと》もその日は特に蒸暑《むし》かったのに、あゝいう、設計者が通風を忘れてこしらえた美術館であるためにそれが更に一層蒸暑く、その暑いための不愉快さが戸惑いをして壁面の絵の方に打《ぶ》つかって行ったせいもあるであろう。実際二科院展の開会日に蒸暑くなかったという記憶のないのは不思議である。大正十二年の開会日は朝ひどい驟雨《しゅうう》があって、それが晴れると蒸暑くなって、竹の台の二科会場で十一時五十八分の地震に出遇ったのであった。そうして宅へ帰ったら瓦《かわら》が二、三枚落ちて壁土が少しこぼれていたが、庭の葉鶏頭《はげいとう》はおよそ天下に何事もなかったように真紅の葉を紺碧《こんぺき》の空の光の下に燿《かがや》かしていたことであった。しかしその時刻にはもうあの恐ろしい前代未聞の火事の渦巻《うずまき》が下町一帯に拡がりつつあった。そうして生きながら焼かれる人々の叫喚《きょうかん》の声が念仏や題目の声に和してこの世の地獄を現わしつつある間に、山の手では烏瓜の花が薄暮の垣根に咲き揃っていつもの蛾の群はいつものように忙わしく蜜をせせっているのであった。

地震があれば壊れるような家を建てて住まっていれば地震の時に毀《こわ》れるのは当り前である。しかもその家が、火事を起し蔓延《まんえん》させるに最適当な燃料で出来ていて、その中に火種を用意してあるのだから、これは初めから地震に因《よ》る火災の製造器械を据付けて待っているようなものである。大火が起れば旋風《つむじかぜ》を誘致して焔の海となるべきはずの広場に集まっていれば焼け死ぬのも当然であった。これは事のあった後に思うことであるが、吾々には明日の可能性は勿論、必然性さえも問題にならない。

動物や植物には百千年の未来の可能性に備える準備が出来ていたのであるが、途中から人間という不都合な物が飛び出して来たために時々違算を生じる。人間が灯火を発明したためにこれに化かされて蛾の生命が脅かされるようになった。人間が脆弱《ぜいじゃく》な垣根などを作ったために烏瓜の安定も保証されなくなってしまった。図に乗った人間は網や鉄砲やあらゆる機械を工夫しては鳥獣魚虫の種を絶やそうとしている。因果はめぐって人間は人間を殺そうとするのである。

戦争でなくても、汽車、自動車、飛行機はみんな殺人機械である。

この頃も毎日のように飛行機が墜落する。不思議なことには外国から遠来の飛行機が霞ヶ浦へ着くという日にはきまって日本のどこかで飛行機が墜落することになっているような気がする。遠来の客へのコンプリメントででもあるかのように。

蜻蛉や鴉《からす》が飛行中に機関の故障を起して墜落するという話は聞かない。飛行機は故障を起しやすいように出来ているから、それで故障を起すし、鳥や虫は決して故障の起らぬように出来ているから故障が起らなくても何も不思議はない訳である。むしろ、一番不思議なことは落ちるときに上の方へ落ちないで必ず下に落ちることである。物理学者に聞けば、それは地球の引力によるという。もっと詳しく聞くと、すぐに数式を持ち出して説明する。そんならその引力はどうして起るかと聞くと事柄は一層六かしくなって結局到底満足な返答は得られない。実は学者にも分らないのである。

吾々が存在の光栄を有する二十世紀の前半は、事によると、あらゆる時代のうちで人間が一番思い上がって吾々の主人であり父母であるところの天然というものを馬鹿《ばか》にしているつもりで、本当は最も多く天然に馬鹿にされている時代かもしれないと思われる。科学がほんの少しばかり成長して丁度生意気盛《なまいきざか》りの年頃になっているものと思われる。天然の玄関をちらと覗いただけで、もうことごとく天然を征服した気持になっているようである。科学者は落着いて自然を見もしないで長たらしい数式を並べ、画家はろくに自然を見もしないで徒《いたずら》に汚らしい絵具を塗り、思想家は周囲の人間すらよくも見ないで独りぎめのイデオロギーを展開し、そうして大衆は自分の皮膚の色も見ないでこれに雷同し、そうして横文字のお題目を唱えている。しかしもう一歩科学が進めば事情はおそらく一変するであろう。その時には吾々はもう少し謙遜《けんそん》な心持で自然と人間を熟視し、そうして本気で真面目に落着いて自然と人間から物を教わる気になるであろう。そうなれば現在の色々なイズムの名によって呼ばれる盲目なるファナチシズム(6)の嵐は収まって本当に科学的なユートピアの真如《しんにょ》(7)の月を眺める宵が来るかもしれない。

ソロモン(8)の栄華も一輪の百合の花に及ばないという古い言葉が、今の自分には以前とは少しばかりちがった意味に聞き取られるのである。

（一九三二年　五十四歳）

津浪と人間

昭和八年三月三日の早朝に、東北日本の太平洋岸に津浪が襲来して、沿岸の小都市村落を片端から薙《な》ぎ倒し洗い流し、そうして多数の人命と多額の財物を奪い去った。明治二十九年六月十五日の同地方に起ったいわゆる「三陸大津浪」とほぼ同様な自然現象が、約満三十七年後の今日再び繰返されたのである。

同じような現象は、歴史に残っているだけでも、過去において何遍となく繰返されている。歴史に記録されていないものがおそらくそれ以上に多数にあったであろうと思われる。現在の地震学上から判断される限り、同じ事は未来においても何度となく繰返されるであろうということである。

こんなに度々《たびたび》繰返される自然現象ならば、当該地方の住民は、とうの昔に何かしら相当な対策を考えてこれに備え、災害を未然に防ぐことが出来ていてもよさそうに思われる。これは、この際誰しもそう思うことであろうが、それが実際はなかなかそうならないというのがこの人間界の人間的自然現象であるように見える。

　学者の立場からは通例次のように云われるらしい。「この地方に数年あるいは数十年ごとに津浪の起るのは既定の事実である。それだのにこれに備《そな》える事もせず、また強い地震の後には津浪の来る恐れがあるというくらいの見やすい道理もわきまえずに、うかうかしているというのはそもそも不用意千万なことである。」

　しかしまた、罹災者《りさいしゃ》の側に云わせれば、また次のような申し分がある。「それほど分かっている事なら、何故津浪の前に間に合うように警告を与えてくれないのか。正確な時日に〔は〕予報出来ないまでも、もうそろそろ危ないと思ったら、もう少し前にそう云ってくれてもいいではないか、今まで黙っていて、災害のあった後に急にそんなことを云うのはひどい。」

　すると、学者の方では「それはもう十年も二十年も前にとうに警告を与えてあるのに、それに注意しないからいけない」という。するとまた、罹災民は「二十年も前のことなどこのせち辛い世の中でとても覚えてはいられない」という。これはどちらの云い分にも道理がある。つまり、これが人間界の「現象」なのである。

災害直後時を移さず政府各方面の官吏、各新聞記者、各方面の学者が駆付けて詳細な調査をする。そうして周到な津浪災害予防案が考究され、発表され、その実行が奨励《しょうれい》されるであろう。

さて、それから更に三十七年経ったとする。その時には、今度の津浪を調べた役人、学者、新聞記者は大抵もう故人となっているか、さもなくとも世間からは隠退《いんたい》している。そうして、今回の津浪の時に働き盛り分別盛りであった当該地方の人々も同様である。そうして災害当時まだ物心のつくか付かぬであった人達が、その今から三十七年後の地方の中堅人士となっているのである。三十七年と云えば大して長くも聞こえないが、日数にすれば一万三千五百五日である。その間に朝日夕日は一万三千五百五回ずつ平和な浜辺の平均水準線に近い波打際を照らすのである。津浪に懲《こ》りて、はじめは高い処だけに住居を移していても、五年たち、十年たち、十五年二十年とたつ間には、やはりいつともなく低い処を求めて人口は移って行くであろう。そうして運命の一万数千日の終りの日が忍びやかに近づくのである。鉄砲の音に驚いて立った海猫が、いつの間にかまた寄って来るのと本質的の区別はないのである。

　これが、二年、三年、あるいは五年に一回はきっと十数メートルの高波が襲って来るのであったら、津浪はもう天変でも地異でもなくなるであろう。

　風雪というものを知らない国があったとする、年中気温が摂氏二十五度を下がる事がなかったとする。それがおおよそ百年に一遍くらいちょっとした吹雪《ふぶき》があったとすると、それはその国には非常な天災であって、この災害はおそらく我邦《わがくに》の津浪に劣らぬものとなるであろう。何故かと云えば、風のない国の家屋は大抵少しの風にも吹き飛ばされるように出来ているであろうし、冬の用意のない国の人は、雪が降れば凍《こご》えるに相違ないからである。それほど極端な場合を考えなくてもよい。いわゆる颱風《たいふう》なるものが三十年五十年、すなわち日本家屋の保存期限と同じ程度の年数をへだてて襲来するのだったら結果は同様であろう。

　夜というものが二十四時間ごとに繰返されるからよいが、約五十年に一度、しかも不定期に突然に夜が廻り合せてくるのであったら、その時に如何《いか》なる事柄が起るであろうか。おそらく名状の出来ない混乱が生じるであろう。そうしてやはり人命財産の著《いちじる》しい損失が起らないとは限らない。

さて、個人が頼りにならないとすれば、政府の法令によって永久的の対策を設けることは出来ないものかと考えてみる。ところが、国は永続しても政府の役人は百年の後には必ず入れ代わっている。役人が代わる間には法令も時々は代わる恐れがある。その法令が、無事な一万何千日間の生活に甚《はなは》だ不便なものである場合は猶更《なおさら》そうである。政党内閣などというものの世の中だと猶更そうである。

災害記念碑を立てて永久的警告を残してはどうかという説もあるであろう。しかし、はじめは人目に付きやすい処に立ててあるのが、道路改修、市区改正等の行われる度にあちらこちらと移されて、おしまいにはどこの山蔭の竹藪の中に埋もれないとも限らない。そういう時に若干《じゃっかん》の老人が昔の例を引いてやかましく云っても、例えば「市会議員」などというようなものは、そんなことは相手にしないであろう。そうしてその碑石が八重葎《やえむぐら》(1)に埋もれた頃に、時分はよしと次の津浪がそろそろ準備されるであろう。

昔の日本人は子孫のことを多少でも考えない人は少なかったようである。それは実際いくらか考えばえがする世の中であったからかもしれない。それでこそ例えば津浪を戒《いまし》める碑を建てておいても相当な利き目があったのであるが、これから先の日本ではそれがどうであるか甚だ心細いような気がする。二千年来伝わった日本人の魂でさえも、打砕いて夷狄《いてき》の犬に喰わせようという人も少なくない世の中である。一代前の云い置きなどを歯牙《しが》にかける人はありそうもない。

しかし困ったことには「自然」は過去の習慣に忠実である。地震や津浪は新思想の流行などには委細《いさい》かまわず、頑固に、保守的に執念深くやって来るのである。紀元前二十世紀にあったことが紀元二十世紀にも全く同じように行われるのである。科学の方則とは畢竟《ひっきょう》(2)「自然の記憶の覚え書き」である。自然ほど伝統に忠実なものはないのである。

それだからこそ、二十世紀の文明という空虚な名をたのんで、安政の昔の経験を馬鹿《ばか》にした東京は大正十二年の地震で焼払われたのである。

こういう災害を防ぐには、人間の寿命を十倍か百倍に延ばすか、ただしは地震津浪の週期を十分の一か百分の一に縮めるかすればよい。そうすれば災害はもはや災害でなく五風十雨(3)の亜類となってしまうであろう。しかしそれが出来ない相談であるとすれば、残る唯一の方法は人間がもう少し過去の記録を忘れないように努力するより外《ほか》はないであろう。

科学が今日のように発達したのは過去の伝統の基礎の上に時代時代の経験を丹念に克明に築き上げた結果である。それだからこそ、颱風が吹いても地震が揺《ゆす》ってもびくとも動かぬ殿堂が出来たのである。二千年の歴史によって代表された経験的基礎を無視して他所《よそ》から借り集めた風土に合わぬ材料で建てた仮小屋のような新しい哲学などはよくよく吟味《ぎんみ》しないと甚だ危ないものである。それにもかかわらず、うかうかとそういうものに頼って脚下の安全なものを棄《す》てようとする、それと同じ心理が、正《まさ》しく地震や津浪の災害を招致する、というよりはむしろ、地震や津浪から災害を製造する原動力になるのである。

津浪の恐れのあるのは三陸沿岸だけとは限らない、寛永安政の場合のように、太平洋沿岸の各地を襲うような大がかりなものが、いつかはまた繰返されるであろう。その時にはまた日本の多くの大都市が大規模な地震の活動によって将棋倒しに倒される「非常時」が到来するはずである。それはいつだかは分からないが、来ることは来るというだけは確かである。今からその時に備えるのが、何よりも肝要である。

それだから、今度の三陸の津浪は、日本全国民にとっても人ごとではないのである。

しかし、少数の学者や自分のような苦労症の人間がいくら骨を折って警告を与えてみたところで、国民一般も政府の当局者も決して問題にはしない、というのが、一つの事実であり、これが人間界の自然方則であるように見える。自然の方則は人間の力では枉《ま》げられない。この点では人間も昆虫も全く同じ境界《きょうがい》にある。それで吾々も昆虫と同様明日の事など心配せずに、その日その日を享楽して行って、一朝天災に襲われれば綺麗にあきらめる。そうして滅亡するか復興するかはただその時の偶然の運命に任せるということにする外はないという棄て鉢の哲学も可能である。

しかし、昆虫はおそらく明日に関する知識はもっていないであろうと思われるのに、人間の科学は人間に未来の知識を授ける。この点はたしかに人間と昆虫とでちがうようである。それで日本国民のこれら災害に関する科学知識の水準をずっと高めることが出来れば、その時にはじめて天災の予防が可能になるであろうと思われる。この水準を高めるには何よりも先《ま》ず、普通教育で、もっと立入った地震津浪の知識を授ける必要がある。英独仏などの科学国の普通教育の教材にはそんなものはないと云う人があるかもしれないが、それは彼地には大地震大津浪が稀《まれ》なためである。熱帯の住民が裸体《はだか》で暮しているからと云って寒い国の人がその真似をする謂《い》われはないのである。それで日本のような、世界的に有名な地震国の小学校では少なくも毎年一回ずつ一時間や二時間くらい地震津浪に関する特別講演があっても決して不思議はないであろうと思われる。地震津浪の災害を予防するのはやはり学校で教える「愛国」の精神の具体的な発現方法の中でも最も手近で最も有効なものの一つであろうと思われるのである。

（追記）　三陸災害地を視察して帰った人の話を聞いた。ある地方では明治二十九年の災害記念碑を建てたが、それが今では二つに折れて倒れたままになってころがっており、碑文などは全く読めないそうである。またある地方では同様な碑を、山腹道路の傍《そば》で通行人の最もよく眼につく処に建てておいたが、その後新道が別に出来たために記念碑のある旧道は淋《さび》れてしまっているそうである。それからもう一つ意外な話は、地震があってから津浪の到着するまでに通例数十分かかるという平凡な科学的事実を知っている人が彼地方に非常に稀だということである。前の津浪に遭った人でも大抵そんなことは知らないそうである。

（一九三三年　五十五歳）

読書の今昔

現代では書籍というものは見ようによっては一つの商品である。それは岐阜提灯《ぢょうちん》や絹ハンケチが商品であると同じような意味において商品である。その一つの証拠にはどこのデパートメント・ストアーでもちゃんと書籍部というのが設けられている。そうして大部分はよく売れそうな書物を並べてあるであろうが、中にはまたおそらくめったには売れそうもない立派な書籍も陳列されている。それはちょうど手拭浴衣《てぬぐいゆかた》もあれば綴《つづ》れ錦《にしき》の丸帯もあると同様な訳であって、各種階級の購買者の需要を満足するようにそれぞれの生産者によって企図され製作されて出現し陳列されているに相違ない。

商品として見た書籍はいかなる種類の商品に属するか。米、味噌、茶椀、箸《はし》、飯櫃《めしびつ》のような、われわれの生命の維持に必需な材料器具でもない。衣服や住居の成立に欠くべからざる品物ともちがう。それかといって棺桶《かんおけ》や位牌《いはい》のごとく生活の決算時の入用でもない。先《ま》ずなければないでも生きて行くだけには差支えはないもののうちに数えてもいいように思われる。実際今でも世界中には生涯一冊の書物も所有せず、一行の文章も読んだことのない人間は、かなり沢山に棲息していることであろう。こういう風に考えてみると、書物という商品は、岐阜提灯や絹ハンケチや香水や白粉《おしろい》のようなものと同じ部類に属する商品であるように思われて来るのである。

毎朝起きて顔を洗ってから新聞を見る。先ず第一ページにおいてわれわれの眼に大きく写るものが何であるかと思うと、それは新刊書籍、雑誌の広告である。世界中の大きな出来事、日本国内の重要な現象、そういうもののニュースを見るよりも前に先ずこの商品の広告が自然にわれわれの眼前に現われて来るのである。

自分の知る範囲での外国の新聞で、こういう第一ページをもったものは思い出すことが出来ない。日本にオリジナルな現象ではないかという気がする。このような特異の現象の生ずるにはそれだけの特異な理由がなければならない。また、こうなるまでには、こうなって来た歴史があるであろうが、それは自分にはわからない。

しかしこの現象から、日本人は世界中で最もはなはだしく書籍を尊重し愛好する国民であるということを推論することは出来ない。何となれば、この現象からむしろ反対の結論に近いものを抽出することも不可能ではないからである。すなわち、もしもすべての人が絶対必要として争って購買するものならば何も高い広告料を払って大新聞の第一頁《ページ》の大半を占有する必要は少しもないであろう。反対に広告などは一切せずに秘密にしておいても、人々はそれからそれと聞き伝えて、どうかして一本を手に入れたいと思う人がおのずから門前に市をなすことあたかも職業紹介所の門前のごとくなるであろう。

商品の新聞広告で最も広大な面積を占有するものは書籍と化粧品と売薬である。この簡単明瞭なる一つの事実は何を意味するか。これはこの三つのものが、商品としての本質上ある共通な性質をもっていることを示すものと考えられる。

その第一の共通点は、内容類似の品が多数であって、従って市場における競争のはげしいということである。もしもそれらのある商品の内容が他の類品に比べて著《いちじる》しく優秀であって、そうして、その優秀なことが顧客に一目ですぐわかるのであったら、広告の意義と効能は消滅するであろう。しかるに化粧品や売薬の類は実際使いくらべてみた当人にも優劣の確かな認識は出来ない。評判のいい方が何となくいいように思われるくらいのものである。書籍の場合はまさかにそれほどではないとしても、大多数の読書界の各員が最高の批判能力をもっていない限り、やはり評判の高い方を選《えら》む。そうして評判は広告と宣伝によって高まるとすれば、書籍の生産者が売薬化粧品商と同一の手段を選ぶのは当然のことであって、これを咎《とが》めるのは無理であろう。ただ現在日本で特にこの現象の目立つのは、想うにそれぞれの方面において書籍の価値批評をする権威あり信用ある機関が欠乏しているためか、あるいはそういうものがあっても、多数の人がそれに重きを置かずして、かえってやはり新聞広告の坪数で価値を判断するような習慣に養成され、そうしてあえてみずから疑ってみる暇《いとま》がないためであるかもしれない。

化粧品や売薬と、商品として見た書籍とを比較する場合に一つの大きな差別の目標となるのは、古本屋というものに対する古化粧品屋、古売薬屋の存在しないことである。神田の夜店を一晩中捜してもたぶん明治年間に流行した化粧品売薬を求めることは出来ないであろう。しかし書籍ならば大概のものは有数な古書籍店に頼んでおけばどこかで掘り出して来てもらえるようである。

それにしても神保町《じんぼうちょう》の夜の露店の照明の下に背を並べている円本《えんぽん》(1)などを見る感じは先ずバナナや靴下のはたき売りと実質的にもそう大した変りはない。むしろバナナの方は景気が好いが、書物の方は淋しい。

「二人行脚《ににんあんぎゃ》」の著者故日下部四郎太《くさかべしろうた》博士(2)がまだ大学院学生で岩石の弾性を研究していた頃のことである。一日氏の机上においてある紙片を見ると英語で座右《ざゆう》の銘《めい》とでもいったような金言の類が数行書いてあった。その冒頭の一句が「少なく読み、多く考えよ」というのであった。他の文句は忘れてしまったが、その当時の自分の心境にこの文句だけが適応したと見えて今でもはっきり記憶に残っている。今から考えてみると日下部博士のようなオリジナルな頭脳をもった人には、多く読み少なく考えるという事はたといしようと思っても出来ない相談であったかもしれない。書物を開いて、ものの半頁も読んで行くうちに、色々の疑問や思いつきが雲のごとくむらがり湧き起って、その方の始末に興味を吸収されてしまうような場合が多かったのではないかと想像される。

こういう種類の頭脳に対しては書籍は一種の点火器のような役目をつとめるだけの場合が多いようである。大きな焔《ほのお》をあげて燃え上がるべき燃料は始めから内在しているのである。これに反して例えば昔の漢学の先生のうちのある型の人々の頭はいわば鉄筋コンクリートで出来た明き倉庫のようなものであったかもしれない。そうしてその中に集積される材料にはことごとく防火剤が施されていたもののようである。

いずれにしても無批判的な多読が人間の頭を空虚にするのは周知の事実である。書物のなかったあるいは少なかった時代の人間の方が遥かに利口《りこう》であったような気もするが、これは疑問として保留するとして、書物の珍しかった時代の人間が書物によって得られた幸福の分量なり強度なりが現代のわれわれのそれよりも多大であったことは確かであろう。蘭学《らんがく》の先駆者達がたった一語の意味を判読し発見するまでに費やした辛苦とそれを発見したときの愉悦とは今から見れば滑稽《こっけい》にも見えるであろうが、また一面には実に羨ましい三昧《さんまい》の境地でもあった。それに比べて、求める心のないうちから嘴《くちばし》を引き明けて英語、ドイツ語と咽喉仏《のどぼとけ》を押し倒すように詰め込まれる今の学童は実に仕合せなものであり、また考えようではみじめなものでもある。

子供の時分にやっとの想いで手にすることの出来た雑誌は「日本の少年」であった。毎月一回これが東京から郵送されて田舎《いなか》に着く頃になると、郵便屋の声を聞く度《たび》に玄関へ飛出して行ったものである。甥の家では「文庫」と「少国民」をとっていたのでこれで当時の少青年雑誌は全部見られたようなものである。そうして夜は皆で集まって読んだものの話しくらをするのであった。明治二十年代の田舎の冬の夜はかくしてグリムやアンデルセンで賑《にぎ》やかにふけて行ったのである。「尻取り」や「化物カルタ」や「ヤマチチの話」の中に、こういう異国の珍しく美しい物語が次第に入り込んで雑居して行った径路は文化史的の興味があるであろう。今書店の店頭に立って夥《おびただ》しい少年少女の雑誌を見渡し、あのなまなましい色刷の表紙を眺める時に今の少年少女を羨ましく思うよりもかえってより多く可哀相に思うことがある。

生れて初めて自分が教わったと思われる書物は、昔の小学読本《とくほん》であって、その最初の文句が「神は天地の主宰にして人は万物の霊なり」というのであった。たぶん、外国の読本の直訳に相違ないのであるが、今考えてみるとその時代としては恐ろしい危険思想を包有した文句であった。先生が一句ずつ読んで聞かせると、生徒はすぐ声を揃えてそれを繰返したものであるが、意味などはどうでもよかったようである。その読本にあったことで今でも覚えているのは、家鴨《あひる》の卵をかえした牝鶏《めんどり》が、その養い子のひよっこの「水に溺《おぼ》れんことを恐れて」鳴き立てる話と、他郷に流寓して故郷に帰ってみると家がすっかり焼けて灰ばかりになっていた話くらいなものである。そうしてこの牝鶏と帰郷者との二つの悪夢はその後何十年の自分の生活に附纏《つきまと》って、今でも自分を脅かすのである。その頃福沢翁《ふくざわおう》の著わした「世界国尽し」という和装木版刷の書物があった。全体が七五調の歌謡体になっているので暗記しやすかった。その挿画の木版画に現れた西洋風景はおそらく自分の幼い頭にエキゾチズムの最初の種子を植付けたものであったらしい。テヘラン、イスパハン[3]といったようないわゆる近東の天地がその時分から自分の好奇心をそそった、その惰性が今日まで消えないで残っているのは恐ろしいものである。「団々珍聞《まるまるちんぶん》」という「ポンチ」のまねをしたもののあったのもその頃である。月給鳥という鳥の漫画には「この鳥はモネー／＼と鳴く」としたのがあったのを覚えている。官権党対自由党の時代であったのである。今のブル対プロ[4]に当るであろう。歴史は繰返すのである。

「諸〔初〕学須知《しゅち》」(5)「物理階梯《かいてい》」(6)などが科学への最初の興味を注入してくれた。「地理初歩」という薄ぺらな本を夜学で教わった。その夜学というのが当時盛んであった政社の一つであったので、時々そういう社の示威運動のようなものが行われ、大勢で提灯をつけて夜の町を駆けまわり、また時々は南磧《みなみがわら》で縄奪《なわうば》い旗奪いの競技が行われた。ある時はある社の若者が申し合せて一同頭をクリクリ坊主に剃り落して市中を練り歩いたこともあった。

宅の長屋に重兵衛《じゅうべえ》さんの家族がいてその長男の楠《くす》さんというのが裁判所の書記をつとめていた。その人から英語を教わった。ウィルソンか誰かの読本を教わっていたが、楠さんはたぶん奨励の目的で将来の教案を立てて見せてくれた。パーレー万国史、(7)クワッケンボス文典(8)などという書名を連ねた紙片に過ぎなかったが、それが恐ろしく幼い野心を燃え立たせた。いよいよパーレーを買いに行ったとき本屋の番頭に「たいそう御進みで御座《ござ》いますねえ」といわれてひどくうれしがったものである。その時の幼稚な虚栄心の満足が自分の将来の道を決定する色々な因子の中の一つになったかもしれないという気がする。この楠さんはまたゲーテの「狐の裁判」の翻訳書を貸してくれた人である。「漢楚軍談《かんそぐんだん》」「三国志」「真田《さなだ》三代記」の愛読者であったところの明治二十年頃の田舎の子供にこの「ライネケフックス」の御伽噺《おとぎばなし》はけだし天啓の稲《いな》妻《づま》であった。可能の世界の限界が急に膨張して爆発してしまったようなものであったに相違ない。

やはりその頃近所の年上の青年に仏語を教わろうとしたことがある。「レクチュール」という読本の一番初めの二、三行を教わったが、父から抗議が出てやめてしまった。英語がまだ初歩なのに仏語をちゃんぽんに教わっては不利益だという理由であったが、実際はその教師となるべき青年が近隣で不良の二字を冠《かぶ》らせた青年であるがためだということが後に分って来た。想うにかれは当時の新思想の持主であったのである。それから十年の後高等学校在学中に熊本の通町《とおりまち》の古本屋で仏語読本に鉛筆で隙間なしに仮名の書入れをしたのを見付けて来て独習をはじめた。抑圧された願望が眼覚めたのである。子供に勉強させるには片端から読み物に干渉して良書をなるべく見せないようにするのも一つの方法であるかもしれない。そうして読んでいけないと思う種類の書物を山積して毎日の日課として何十頁ずつか読むように命令するのも一法であるかもしれない。

楠さんも、この不良と目された不幸な青年も夭死《ようし》してとうの昔に亡くなったが、自分の想い出の中には二人の使徒のように頭上に光環を頂いて相並んで立っているのである。この二人は自分の幼い心に翼を取りつけてくれた恩人であった。

楠さんの弟の亀さんはハゴを仕掛けて鳥を捕えたり、色々の方法で鰻《うなぎ》を取ったりすることの天才であった。この亀さんから自分は自然界の神秘についていかなる書物にも書いてない多くのものを学ぶことが出来た。

中学時代の初期には「椿説弓張月《ちんせつゆみはりづき》」や「八犬伝」などを読んだ。田舎の親戚へ泊っている間に「梅暦《うめごよみ》」をところどころ拾い読みした記憶がある。これらの読物は自分の五体の細胞の一つずつに潜在していた伝統的日本人を喚《よ》びさまし明るみへ引出すに有効であった。「絵本西遊記」を読んだのもその頃であったが、これはファンタジーの世界と超自然の力への憧憬《どうけい》を挑発《ちょうはつ》するものであった。そういう意味ではその頃に見た松旭斎天一《しょうきょくさいてんいち》の西洋奇術もまた同様な効果があったかもしれないのである。ジュール・ヴェルヌの「海底旅行」はこれに反して現実の世界における自然力の利用がいかに驚くべき可能性をもっているかを暗示するものであった。それから四十年後の近頃になって新聞で潜航艇ノーチラスの北極探検に関する記事を読み、パラマウント発声映画ニュースでその出発の光景を見ることになった訳である。この「海底旅行」や「空中旅行」「金星旅行」のようなものが自分の少年時代における科学への興味を刺戟《しげき》するに若干《じやっかん》の効果があったかもしれない。

洪水のように押し込んで来る西洋文学の波頭は先ず色々なお伽噺の翻訳として少年の世界に現れた。大人の読み物では民友社のたしか「国民小説」と名づけるシリーズにいろいろの翻訳物が交じっていた。矢野龍渓《りゅうけい》(9)の「経国美談」を読まない中学生は幅が利かなかった。「佳人の奇遇」の第一ページを暗誦《あんしょう》しているものの中に自分もいたわけである。

宮崎湖処子《こしょし》(10)の「帰省」が現れたとき当時の中学生は驚いた。尋常一様な現実の生活の描写が立派な文学であり得るのみか、あらゆる在来の文学中に求め得られない新鮮な美しさを包蔵し得るという事実を発見して驚いたのであった。アーヴィングの「スケッチブック」が英学生の間に流行していたのもその頃であったと思う。

松村介石《かいせき》(11)の「リンカーン伝」は深い印銘を受けたものの一つである。リンカーンはたった三冊の書物によってかれの全性格を造り上げたという記事が強く自分を感動させたのであったが、この事実は書物の洪水の中に浮沈する現在の青少年への気付け薬になるかもしれない。

「リンカーン伝」で喚びさまされた自分の中のあるものがユーゴーの「ミゼラブル」でいっそう強く煽《あお》り立てられたようである。当時まだ翻訳は無かったように思うが、自分の見たのは英訳の抄訳本でただ物語の筋だけのものであった。そうして当時の自分の英語の力では筋だけを了解するのもなかなかの骨折りであったが、そのおかげで英語が急に進歩したのも事実であった。学校で教わっていた「クライブ伝」や「ヘスチング」に何の興味も感じることの出来なくて乾き切っていた頭に温かい人間味の雨をそそいだのであった。この雨が深く滲《し》み込んで、善かれ悪しかれその後の生活に影響したような気がする。

当時は「明治文庫」「新小説」「文芸倶楽部《クラブ》」などが並立して露伴《ろはん》、紅葉《こうよう》、美妙斎《びみようさい》、水蔭《すいいん》、小波《さざなみ》(12)といったような人々がそれぞれの特色をもってプレアデスのごとく輝いていたものである。氏等が当時の少青年の情緒的教育に甚大な影響を及ぼしたことはおそらくわれわれのみならずまたいわゆる教育家達の自覚を超越するものであったに相違ない。

たしか「少年文学」と称する叢書があって「黄金丸《こがねまる》」「今弁慶《いまべんけい》」「宝の山」「宝の庫《くら》」などというのが魅惑的な装幀に飾られて続々出版された。富岡永洗《えいせん》、武内桂舟《けいしゅう》などの木版色刷の口絵だけでも当時の少年の夢の王国がいかなるものであったかを示すに十分なものであろう。

これらの読み物を手に入れることは当時のわれわれにはそれほど容易ではなかった。二十銭三十銭を父母にもらい受ける手数のほかに書店にたのんで取寄せてもらう手続きがあった。しかし何度も本屋へ通ってまだかまだかと催促してやっと手に入れたときの悦《よろこ》びはおそらくその頃のわれわれ仲間の特権であったかもしれない。

当時の田舎の本屋は威張ったものであったような気がする。われわれは頭を下げて売ってもらっていたような感じがある。これは当然であったかもしれない。少なくもわれわれにとって書物は決して「商品」ではなかった。それは尊い師匠であり、なつかしい恋人であって、本屋はそれをわれわれに紹介してくれる大事な仲介者であったわけである。

読書の選択やまた読書の仕方について学生達から質問を受けたことが度々《たびたび》ある。これに対する自分の答はいつも不得要領に終る外《ほか》はなかった。いかなる人にいかなる恋をしたらいいかと聞かれるのと大した相違はないような気がする。時にはこんな返答をすることもある。「自分でいちばん読みたいと思う本をその興味のつづく限り読む。そしていやになったら途中でもかまわず投げ出して、また次に読みたくなったものを読んだらいいでしょう。」大根が食いたくなる時はきっと自分の身体が大根の中のあるヴィタミン・エッキスを要求しているのであろう。その時われわれは何も大根を食うことの必然性を証明した後でなければそれを食っていけない訳のものではない。また友人のIが大根を食ってよろずの病を癒《い》やし百年の寿を保つとしても、自分がその真似をして成効するという保証はついていない。ある本を読んで興味を刺戟されるのは何かしらそうなるべき必然な理由が自分の意識の水平面以下に潜在している証拠だと思われる。それをわれわれの意識の表層だけに組立てた浅はかな理論や、人からの入智恵にこだわって無理に押えつけ捻《ね》じ向ける必要はないように思われる。人々の頭脳の現在はその人々の過去の履歴の函数である。それである人がある時にAという本に興味を感じて次にBに引きつけられるということが一見いかに不合理で偶然的に見えても、それにはやはりそうなるべきはずの理由が内在しているであろう。ただそれを正当に認識するには、ちょうど精神分析の大家がわれわれの夢の分析判断を試みるよりもいっそう深刻な分析と綜合の能力を要求するであろう。

それだから、ある時にちっとも興味のなかった書物をちがった時に読んでみると非常な興味を覚えることも珍しくない。子供の時に嫌いであった塩辛《しおから》が年取ってから好きになったといって、別に子供の時代の自分に義理を立てて塩辛を割愛するにも及ばないであろう。

何遍読んでも面白く、読めば読むほど面白味の深入りする書物もある。それは作ったもの、こしらえたものには稀《まれ》で、生きたドキュメントというような種類のものに多いのはむしろ当然のことであろう。
二、三頁読んだきりで投げ出したり、また頁を繰って挿画を見ただけの本でも、ずっと後になって意外に役に立つ場合もある。若い時分には、読み出した本をおしまいまで読まないのが悪事であるような気がしたのであるが、今では読みたくない本を無理に読むことは第一出来ないしまた読む方が悪いような気がする。時には小説などを終りの方から逆にはじめの方へ読むのも面白い、そうしていけない理由もない。活動のフィルムの逆転をしてはいけない事はないと同じである。

色々な書物を遠慮なくかじる方がいいかもしれない。宅《うち》の花壇へ色々の草花の種を播《ま》いてみるようなものである。そのうちで地味《ちみ》に適応したものが栄えて花実を結ぶであろう。人にすすめられた種だけを播いて、育たないはずのものを育てる努力に一《ひ》と春《はる》を浪費しなくてもよさそうに思われる。それかといって一度育たなかった種は永久に育たぬときめることもない。前年に植えたものの如何《いかん》によって次の年に適当なものの種類はおのずから変ることもあり得るのである。

健康である限りわれわれの食物はわれわれが選べばよいが、病気のときは医者の薬も必要かもしれない。しかし薬などのまずになおる人もあり薬をのんでも死ぬ人もある。書物についても同じことがいわれはしないか。

クリスマスの用意に鵞鳥《がちよう》をつかまえて膝の間に挿《はさ》んで頸っ玉をつかまえて無理に開かせた嘴《くちばし》の中へ五穀をぎゅうぎゅう詰め込む。これは飼養者の立場である。鵞鳥の立場を問題にする人があらばそれは天下の嘲笑《ちようしよう》を買うに過ぎないであろう。鵞鳥は商品であるからである。人間もまた商品であり得る。その場合にはいやがる書物をぎゅうぎゅう詰め込むのもまたやむを得ないことであろう。そういう場合にこの飼料となる書籍がいっそう完全なる商品として大量的に生産されるのもまた自然の成行と見るべきであろうか。

日本では外国の書物を手に入れるのがなかなか不便である。書店に注文すると二ヶ月以上もかかる。そうして注文部と小売部と連絡がないためか、店の陳列棚にそれが現存していても注文した分が着荷しなければ送ってくれなかったりする。頼んだつもりのが頼んだことになっていなかったりすることもある。雑誌のバックナンバーなど注文すると大概《たいがい》絶版だと断って来るがライプチヒの本屋に頼むとたいていはじきに捜し出してくれるのである。天下の愚書でも売れる本はいつでも在庫品があり、売れない本はめったにない。これも書物が何々株式会社の「商品」であるとすればもとより当然のことである。それで自然に起る要求は、そういう商品としてでない書籍の供給所を国家政府で経営して大概の本がいつでもすぐに手に入れられるようにしてもらうことは出来ないかということである。もっともこうなると自然に書物の種類にある限定を生じるに相違ないが、それでも構わないと思うのである。少なくも科学や技術方面の書物だけでも差し当ってそうしてほしいと思う。国立図書館といったようなものと少なくも同等な機関として必要なものでありはしないか、こういう虫のいい空想も起るくらいに不便を感じる場合が多いのである。

若いおそらく新参らしい店員にある書物があるかと聞くと、ないと答える。見るとちゃんと眼前の棚にその本が収まっている事がある。そういうときにわれわれははなはだ淋しい気持を味わう。商人が自分の商品に興味と熱を失う時代は、やがて官吏が職務を忘却し、学者が学問に倦怠し、職人が仕事を誤魔化《ごまか》す時代でありはしないかという気がすることもある。しかし老巧忠実な店員に接し掌《たなごころ》を指すように求める品物に関する光明を授けられると悲観が楽観に早変りをする。現代の日本がやはり頼母《たのも》しく見えて来ると同時に眼前の書籍を知らぬ小店員を気の毒に思うのである。

ドイツのある書店にある書物を注文したら間もなく手紙をよこして、その本はアメリカの某博物館で出版した非売品であるが、御希望ゆえ差上げるように同博物館へ掛合《かけあ》ってやったから間もなく届くであろうと通知して来た。そうして間もなくそれが手もとに届いたのであった。有難《ありがた》くもあればまたドイツ人は恐ろしいとも思った。これが日本の書店だと三月も待った後に御注文の書籍は非売品の由につき左様御承知下されたしという一枚の端書《はがき》を受取るのではなかったかと想像する。間違ったらゆるしてもらいたい。そう想像させるだけの因縁《いんねん》はあるのである。

書店にはなるべく借金を沢山にこしらえる方がいいという話を聞いて感心したことがある。正直に月々ちゃんと払いをすませるような顧客は、考えてみると本屋でもてなくてもよい訳であった。それでバックナンバーでも注文する時はその前に少なくも五、六百円の借金をこしらえておく方が有効であるかもしれない。これは近頃の発見であるような気がした。

将来書物が一切不用になる時代が来るであろうか。英国の空想小説家は何百年間眠り続けた後に眼を醒《さま》した男の体験を描いているうちにその時代のライブラリーの事を述べている。すなわち、書物の代りに活動のフィルムの巻物のようなものが出来ていて文字を読まなくても万事がことごとく分ることになっている。しかしこれは少し書物というものの本質を誤解した見当ちがいの空想であると思われる。

それにしても映画フィルムがだんだんに書物の領分を侵略して来る事はたしかである。おそらく近い将来において色々のフィルムが書店の商品の一部となって出現するときが来るのではないか。もしも安直なトーキーの器械やフィルムが書店に出るようになれば、教育器械としてのプロフェッサーなどはだいぶ暇になることであろう。

今からでも大書店で十六ミリフィルムを売り出してもよくはないか。そうして小さな試写室を設けて客足をひくのも一案ではないかと思われるのである。近頃写真ばかりの本の流行《はや》るのはもうこの方向への第一歩とも見られる。

読みたい本、読まなければならない本があまりに多い。みんな読むには一生がいくつあっても足りない。また、もしかみんな読んだら頭は空っぽになるであろう。頭を空っぽにする最良法は読書だからである。それで日下部氏のいわゆる少なく読む、その少数の書物にどうしたらめぐり会えるか。これも親のかたきのようなもので、私の尋ねる敵と他の人の敵とは別人であるように私の書物は私が尋ねるより外に途《みち》はない。

ある天才生物学者があった。山を歩いていて滑ってころんで尻餅をついた拍子に、一握りの草をつかんだと思ったら、その草はいまだかつて知られざる新種であった。そういう事が度々あったというのである。読書の上手な人にもどうもこれに類した不思議なことがありそうに思われる。のんきに書店の棚を見てあるくうちに時々気紛れに手を延《のば》して引っぱりだす書物が偶然にもその人にとって最も必要な本であるというようなことになるのではないか。そういう工合に行けるものならさぞ都合がいいであろう。

一冊の書物を読むにしても、ページをパラパラと繰るうちに、自分の緊要《きんよう》なことだけがページから飛び出して眼の中へ飛び込んでくれたら、いっそう都合がいいであろう。これはあまりに虫のよすぎる注文であるが、ある度までは練習によってそれに似たことは出来るもののようである。実際何十巻ものエンチクロペディー(13)やハンドブックを通読出来る訳のものではないのである。

間違いだらけで恐ろしく有益な本もあれば、どこも間違いがなくてそうしてただ間違っていないというだけの事以外に何の取柄《とりえ》もないと思われる本もある。これほど立派な材料をこれほど豊富に寄せ集めて、そうしてよくもこれほどまでに面白くなくつまらなく書いたものだと思う本もある。

翻訳書を見ていると時に面白いことがある。訳文の意味がどうしても分らない場合に、それを一ぺん原語に直訳して考えてみるとなるほどと合点《がてん》が行って思わず笑い出すことがある。例えば「礼服を着ないでサラダを出した」といったような種類のものである。

尖端《せんたん》的なものの流行る世の中で古いものを読むのも気が変ってかえって新鮮味を感じるから不思議である。近頃「ダフニスとクロエ」の恋物語を読んでそういう気がするのであった。今のモボ、モガ[14]よりも遥かに尖端的な恋をしているのである。アリストファーネス[15]の「雲」を読んで学者達が蚤《のみ》の一躍は蚤の何歩に当るかを論ずるところなどが、今の学者とちっとも変らない生写しであることを面白いと思うのであった。「六国史《りっこくし》」[16]を読んでいると現代に起っていると全く同じことがただ少しばかりちがった名前の着物を着て古い昔に起っていたことを知ってあるいは悲観しあるいは楽観するのである。だんだん読んでいると、古い事ほど新しく、一番古いことが結局一番新しいような気がして来るのも、不思議である。古典が続々新版になる一方では新思想ものが露店から屑籠《くずかご》に移されて行くのも不思議である。

それにしても日々に増して行く書籍の将来はどうなるであろうか。毎日の新聞広告だけから推算しても一年間に現れる書物の数は数千あるいは万を以て数えるであろう。そうしてその増加率は年と共に増すとすれば遠からず地殻は書物の荷重に堪《た》えかねて破壊し、大地震を起こして復讐を企てるかもしれない。そういう際にはセリュローズばかりで出来た書籍は哀れな末路を遂げて、かえって石に刻した楔形文字《くさびがたもじ》が生残るかもしれない。そうでなくとも、また暴虐な征服者の一炬《いっきょ》(17)によって灰にならなくとも、自然の誤りなき化学作用はいつかは確実に現在の書物のセリュローズをぼろぼろに分解してしまうであろう。

十年来むし込んでおいた和本を取出して見たら全部が虫のコロニー(18)となって無数の隧道《ずいどう》が三次元的に貫通していた。はたき集めた虫を庭へほうり出すと雀が来て喰ってしまった。書物を読んで利口になるものなら、この雀も定めて利口な雀になったことであろう。

（一九三二年　五十四歳）

団栗

もう何年前になるか思い出せぬが日は覚えている。暮もおし詰った二十六日の晩、妻は下女を連れて下谷摩利支天《したやまりしてん》の縁日へ出かけた。十時過ぎに帰って来て、袂《たもと》からおみやげの金鍔《きんつば》と焼栗を出して余のノートを読んでいる机の隅へそっとのせて、便所へはいったがやがて出て来て蒼い顔をして机の側へ坐ると同時に急に咳をして血を吐いた。驚いたのは当人ばかりではない、その時余の顔に全く血の気が無くなったのを見て、いっそう気を落したとこれはあとで話した。翌《あく》る日下女が薬取りから帰ると急に暇をくれと云い出した。この辺は物騒で、御使いに出るときっといやな悪戯《いたずら》をされますので、どうも恐ろしくて不気味で勤まりませぬと妙な事を云う。しかし見る通りの病人をかかえて今急におまえに帰られては途方にくれる。せめて代りの人のあるまで辛抱してくれと、よしやまだ一介の書生にしろ、とにかく一家の主人が泣かぬばかりに頼んだので、その日はどうやら思い止まったらしかったが、翌日は国許《くにもと》の親が大病とか云う訳でとうとう帰ってしまう。掛取り(1)に来た車屋の婆さんに頼んで、何でもよいからと桂庵《けいあん》(2)から連れて来てもらったのが美代と云う女であった。仕合せとこれが気立てのやさしい正直もので、尤《もっと》も少しぼんやりしていて、狸《たぬき》は人に化けるものだというような事を信じていたが、とにかく忠実に病人の看護もし、叱られても腹も立てず、そして時にしくじりもやった。手水鉢《ちょうずばち》を座敷の真中で取落して洪水を起したり、火燵《こたつ》のお下りを入れて寝て蒲団から畳まで径一尺ほどの焼穴をこしらえた事もあった。それにもかかわらず余は今に到るまでこの美代に対する感謝の念は薄らがぬ。

病人の容体は善いとも悪いともつかぬうちに歳は容捨なく暮れてしまう。新年を迎える用意もしなければならぬが、何を買ってどうするものやらわからぬ。それでも美代が病人の指図を聞いてそれに自分の意見を交ぜて一日忙しそうに働いていた。大晦日《おおみそか》の夜の十二時過ぎ、障子のあんまりひどく破れているのに気が付いて、外套《がいとう》の頭巾《ずきん》をひっかぶり、皿一枚をさげて森川町へ五厘《りん》の糊を買いに行ったりした。美代はこの夜三時過ぎまで結び蒟蒻《こんにゃく》をこしらえていた。

世間は目出度《めでた》いお正月になって、暖い天気が続く。病人も少しずつよくなる。風の無い日は縁側の日向《ひなた》へ出て来て、紙の折鶴をいくつとなくこしらえてみたり、秘蔵の人形の着物を縫うてやったり、曇った寒い日は床の中で「黒髪」を弾くくらいになった。そして時々心細い愚痴っぽい事を云っては余と美代を困らせる。妻はその頃もう身重になっていたので、この五月には初産《ういざん》と云う女の大難をひかえている。おまけに十九の大厄《たいやく》だと云う。美代が宿入り(3)の夜など、木枯しの音にまじる隣室の淋しい寝息を聞きながら机の前に坐って、ランプを見つめたまま、長い息をすることもあった。妻は医者の間に合いの気休めをすっかり信じて、全く一時的な気管の出血であったと思っていたらしい。そうでないと信じたくなかったのであろう。それでも何処《どこ》にか不安な念が潜んでいると見えて、時々「ほんとうの肺病だって、なおらないと極《きま》った事はないのでしょうね」とこんな事をきいた事もある。またある時は「あなた、かくしているでしょう、きっとそうだ、あなたそうでしょう」とうるさく聞きながら、余の顔色を読もうとする、その祈るような気遣わしげな眼づかいを見るのが苦しいから「馬鹿《ばか》な、そんな事はないと云ったらない」と邪慳《じゃけん》な返事で打消してやる。それでも一時は満足する事が出来たようであった。

病気は少しずつよい。二月の初めには風呂にも入る、髪も結《ゆ》うようになった。車屋の婆さんなどは「もうスッカリ御全快だそうで」と、独《ひと》りできめてしまって、そっと懐《ふところ》から勘定書を出して「どうも大変に、お早く御全快で」と云う。医者の所へ行って聞くと、善いとも悪いとも云わず、「なにしろちょうど御妊娠中ですからね、この五月がよほど御大事ですよ」と心細い事を云う。

それにもかかわらず少しずつよい。月の十何日、風のない暖かい日、医者の許可を得たから植物園へ連れて行ってやると云うと大変に喜んだ。出掛けるとなって庭へ下りると、髪があまりひどいからちょっと撫《な》で付けるまで待って頂戴《ちょうだい》と云う。懐手《ふところで》をして縁へ腰掛けて淋しい小庭を見廻わす。去年の枯菊《かれぎく》が引かれたままで、あわれに朽ちている、それに千代紙の切れか何かが引掛って風のないのに、寒そうに顫《ふる》えている。手水鉢の向いの梅の枝に二輪ばかり満開したのがある。近付いてよく見ると作り花がくっつけてあった。おおかた病人のいたずららしい。茶の間の障子のガラス越しに覗いてみると、妻は鏡台の前へ坐って解かした髪を握ってばらりと下げ、櫛《くし》をつかっている。ちょっと撫でつけるのかと思ったら自分で新たに巻き直すと見える。よせばよいのに、早くしないかと急《せ》き立てておいて、座敷の方へ戻って、横になって今朝見た新聞をのぞく。早くしないかと大声で促す。そんなに急き立てると、なお出来やしないわと云う。黙って台所の横をまわって門へ出てみた。往来の人がじろじろ見て通るから仕方なしに歩き出す。半町ばかりぶらぶら歩いて振り返ってもまだ出て来ぬから、また引返してもと来た通り台所の横から縁側へまわって覗いてみると、妻が年甲斐《としがい》もなく泣き伏しているのを美代がなだめている。あんまりだと云う。一人で何処へでもいらっしゃいと云う。まあともかくもと美代がすかしなだめて、やっと出掛ける事になる。実に好い天気だ。「人間の心が蒸発して霞になりそうな日だね」と云ったら、一間《けん》ばかり後を雪駄《せった》を引きずりながら、大儀《たいぎ》そうについて来た妻は、エエと気の無い返事をして無理に笑顔をこしらえる。この時始めて気が付いたが、なるほど腹の帯の所が人並よりだいぶ大きい。あるき方がよほど変だ。それでも当人は平気でくっついて来る。美代と二人でよこせばよかったと思いながら、無言で歩調を早める。植物園の門をはいって真直ぐに広いたらたら坂を上って左に折れる。穏やかな日光が広い園に一杯になって、花も緑もない地盤はさながら眠ったようである。温室の白塗りがキラキラするようでその前に二、三人懐手をして窓から中を覗く人影が見えるばかり、噴水も出ていぬ。睡蓮《すいれん》もまだつめたい泥の底に真夏の雲の影を待っている。温室の中からガタガタと下駄の音を立てて、田舎《いなか》の婆さん達が四、五人、狐につままれたような顔をして出て来る。余等はこれと入れちがってはいる。活力の充ちた、しめっぽい熱帯の空気が鼻の孔《あな》から脳を襲う。椰子《やし》の樹や琉球《りゅうきゅう》の芭蕉などが、今少し延びたら、この屋根をどうする積りだろうといつも思うのであるが、今日もそう思う。瓜哇《ジャワ》と云う国には肺病が皆無だと誰れかの云った事を思い出す。妻は濃緑に朱の斑点の入った草の葉をいじっているから「オイ止《よ》せ、毒かも知れない」と云ったら、慌てて放して、いやな顔をして指先を見つめてちょっと嗅いでみる。左右の廻廊にはところどころ赤い花が咲いて、その中からのんきそうな人の顔もあちこちに見える。妻はなんだか気分が悪くなったと云う。顔色はたいして悪くもない。急に生温かい処へはいったためだろう。早く外へ出た方がよい、おれはも少し見て行くからと云ったら、ちょっとためらったが、おとなしく出て行った。紅い花だけ見てすぐ出る積りでいたら、人と人との間へはさまって、ちょっと出損なって、やっと出てみると妻は其処《そこ》には居ぬ。何処へ行ったかと見廻わすと、遥か向うの東屋《あずまや》のベンチへ力無さそうに凭《もた》れたまま、こっちを見て笑っていた。

園の静けさは前に変らぬ。日光の目に見えぬ力で地上のすべての活動をそっと抑え付けてあるように見える。気分はすっかりよくなったと云うから、もうそろそろ帰ろうかと云うと、少し驚いたように余の顔を見つめていたが、せっかく来たから、もう少し、池の方へでも行ってみましょうと云う。それもそうだと其方《そっち》へ向く。

崖を下りかかると下から大学生が二、三人、黄色い声でアリストートル(4)がどうしたとか云うような事を議論しながら上って来る。池の小島の東屋に、三十くらいの眼鏡をかけた品の好い細君が、海軍服の男の児と小さい女の児を遊ばせている。海軍服は小石を拾っては氷の上をすべらせて快い音を立てている。ベンチの上には皺《しわ》くちゃの半紙が拡げられて、その上にカステラの大きな片《きれ》がのっている。「あんな女の児が欲しいわねえ」と妻がいつにない事を云う。

出口の方へと崖の下をあるく。何の見るものもない。後ろで妻が「おや、団栗《どんぐり》が」と不意に大きな声をして、道脇の落葉の中へはいって行く。なるほど、落葉に交じって無数の団栗が、凍《い》てた崖下の土にころがっている。妻は其処へしゃがんで熱心に拾いはじめる。見る間に左の掌《てのひら》に一杯になる。余も一つ二つ拾って向うの便所の屋根へ投げると、カラカラと転がって向側へ落ちる。妻は帯の間からハンケチを取出して膝の上へ拡げ、熱心に拾い集める。「もう大《たい》概《がい》にしないか、馬鹿だな」と云ってみたが、なかなか止《や》めそうもないから便所へ入る。出てみるとまだ拾っている。「一体そんなに拾って、どうしようと云うのだ」と聞くと、面白そうに笑いながら、「だって拾うのが面白いじゃありませんか」と云う。ハンケチに一杯拾って包んで大事そうに縛っているから、もう止すかと思うと、今度は「あなたのハンケチも貸して頂戴」と云う。とうとう余のハンケチにも何合かの団栗を充たして「もう止してよ、帰りましょう」と何処までもいい気な事をいう。

　団栗を拾って喜んだ妻も今はない。御墓の土には苔《こけ》の花が何遍か咲いた。山には団栗も落ちれば、鵯《ひよどり》の啼く音に落葉が降る。今年の二月、あけて六つになる忘れ形身のみつ坊をつれて、この植物園へ遊びに来て、昔ながらの団栗を拾わせた。こんな些細《ささい》な事にまで、遺伝と云うようなものがあるものだか、みつ坊は非常に面白がった。五つ六つ拾うごとに、息をはずませて余の側へ飛んで来て、余の帽子の中へひろげたハンケチへ投げ込む。だんだん得物《えもの》の増して行くのをのぞき込んで、頬を赤くして嬉しそうな溶けそうな顔をする。争われぬ母の面影がこの無邪気な顔の何処かの隅からチラリとのぞいて、うすれかかった昔の記憶を呼び返す。「おとうさん、大きな団栗、こいも〳〵〳〵〳〵みんな大きな団栗」と小さい泥だらけの指先で帽子の中に累々とした団栗の頭を一つ一つ突っつく。「大きい団栗、ちいちゃい団栗、みいんな利口《りこう》な団栗ちゃん」と出たらめの唱歌のようなものを歌って飛び飛びしながらまた拾い始める。余はその罪のない横顔をじっと見入って、亡《な》妻《き》のあらゆる短所と長所、団栗のすきな事も折鶴の上手な事も、なんにも遺伝して差支えはないが、始めと終りの悲惨であった母の運命だけは、この児に繰返させたくないものだと、しみじみそう思ったのである。

（一九〇五年　二十七歳）

物売りの声

毎朝床《とこ》の中でうとうとしながら聞く豆腐屋の喇叭《らっぱ》の音がこの頃少し様子が変ったようである。もとは、「ポーピーポー」という風に、中に一つ長三度くらい高い音を挿《はさ》んで、それがどうかすると「起きろ、オーキーロー」と聞こえたものであるが、近頃は単に「ププー、プープ」という風に、ただ一《ひ》と色の音の系列になってしまった。豆腐屋が変ったのか笛が変ったのかどちらだか分らない。

昔は「トーフイ」と呼び歩いた、あの呼び声が一体いつ頃から聞かれなくなったかどうも思い出せない。すべての「亡《ほろ》び行くもの」と同じように、いつ亡くなったとも分らないようにいつの間にか亡くなり忘れられ、そうして、亡くなり忘れられたことを思い出す人さえも少なくなり亡くなって行くのであろう。

納豆屋《なっとう》の「ナットナットー、ナット、七色唐辛子《なないろとうがらし》」という声もこの界隈では近頃さっぱり聞かれなくなった。その代りに台所へのそのそ黙って這入《はい》って来て全く散文的に売り付けることになったようである。

「豆やふきまめー」も振鈴《しんれい》の音ばかりになった。この頃はその鈴の音もめったに聞かれないようである。一と頃流行《はや》った玄米パン売りの、メガフォーンを通して妙にぼやけた、聞くだけで咽喉《のど》の詰まるような、食慾《しょくよく》を吹飛ばすようなあのバナール(1)な呼び声も、これは幸いにさっぱり聞かなくなってしまった。

つい二、三年前までは毎年初夏になるとあの感傷的な苗《なえ》売りの声を聞いたような気がする。「ナスービノーナエヤーア、キュウリノーナエヤ、トオーガン、トオーナス、トオーモロコシノーナエ」と云う、長くゆるやかに引延ばしたアダジオの節廻《ふしまわ》しを聞いていると、眠いようなうら悲しいような遣瀬《やるせ》のないような、しかしまた日本の初夏の自然に特有なあらゆる美しさの夢の世界を眼前に浮かばせるような気のするものであった。

これと対照されていいと思うものは冬の霜夜の辻占《つじうら》売り(2)の声であった。明治三十五年頃病気になった妻を国へ帰してひとりで本郷五丁目の下宿の二階に暮していた頃、ほとんど毎夜のように窓の下の路地を通る「花のたより、恋のつじーうら」という妙に澄み切った美しく物淋しい呼び声を聞いた。その声が寒い星空に突き抜けるような気がした。声の主は年の行かない女の子らしかった。それの通る時刻と前後して隣の下宿の門の開く鈴音がして、やがて窓の下から自分を呼びかける同郷の悪友TとMの声がしたものである。悪友と云っても藪蕎麦《やぶそば》へ誘うだけの悪友であった。「あいつ、この頃弱っているから引っぱり出して元気をつけてやれ」と云って引っぱり出してくれる悪友であったのである。

「按摩上下《あんまかみしも》二百文《もん》」という呼び声も古い昔になくなったらしいが、あのキリギリスの声のようにしゃがれた笛の音だけは今でも折々は聞かれる。洋服に靴を履いた姿で、昔ながらの笛を吹いて近所の路地を流して通るのに出逢ったのは、つい数日前のことであった。

盛夏の朝早く「えゝ朝顔やあさがお」と呼び歩くのは去年も聞いた。買ってくれそうな家の附近では繰返し往復して、それでも買わないとあきらめて行ってしまったのは昔のことで、今ではやはり裏木戸から台所へ這入って来て、主人や主婦を呼出すのが多いようである。

「えゝ鯉や鯉」というのも数年以来聞かないようである。「えゝ竿竹や竿竹」というのを一と月ほど前に聞いたのは珍しかった。

こういう風に、旋律的な物売りの呼び声が次第に亡くなり、その呼び声の呼び起こす旧日本の夢幻的な情調もだんだんに消え失せて行くのは日本全国共通の現象らしい。

郷里で昔聞き馴れた物売りの声も今ではもう大概《たいがい》なくなったらしいが、考えてみるとずいぶん色々のものがあった。その中には子供の時分の親しい思い出に密接に結び付いて忘られないものもかなり多数にある。

夏になると徳島からやって来た千金丹《せんきんたん》売りの呼び声もその一つである。渡り鳥のように四国の脊梁《せきりよう》山脈(3)を越えて南海の町々村々を音《おと》ずれて来る一隊の青年行商人は、みんな白がすりの着物の尻を端折《はしよ》った脚絆《きやはん》草鞋《わらじ》ばきの甲斐甲斐しい姿をしていた。明治初期を代表するような白シャツを着込んで、頭髪は多くは黙阿弥《もくあみ》式に綺麗に分けて帽子は冠《かぶ》らず、その代りに白張《しらはり》の蝙蝠《こうもり》傘《かさ》をさしていた。その傘に大きく、たしか赤字で千金丹と書いてあったような気がする。小さな、今で云えばスーツケースのような恰好《かつこう》をした黒塗《くろぬり》の革鞄《かばん》に、これも赤く大きく千金丹と書いたのを提《さ》げていたと思う。せんだんの花のこぼれる南国の真夏の炎天の下を、こうした、当時の人の眼にはスマートな姿でゆっくり練り歩きながら、声をテノルに張上げて歌う文句はおおよそ次のようなものであった、「エーエ、ホンケーハーア、サンシューノーオー、コトヒーラーアヨ。(休)。マツシーマーア、カデンーノーオー、センキーンーンタン」という風に全く同じ四拍子アンダンテの旋律を繰返しながら、だんだんに薬の効能書を歌って行くのである。「そのまた薬の効能は、疝気《せんき》疝癪《せんしやく》胸痞《むねつか》え」(4)までは覚えているがその先は忘れてしまった。

子供等はこの薬売りの人間を「ホンケ」と呼んでいた。「ホンケが来た、ホンケが来た」と云って駆け出して行っては、この「ホンケ」を取り巻いて、そうして口々に「ホンケ、オーセ、オーセ」と云ってねだった。「オーセ」は「頂戴《ちようだい》」という意味であるが、ここの「ホンケ」はこの薬売り自身を指すのではなくて、薬売りの配って歩く広告のビラ紙のことである。この人間の「本家」が撒《ま》き歩くビラの「ホンケ」は、鼻紙を八《や》つ断《ぎり》にしたのに粗末な木版で赤く印刷したものであったが、その木版の絵がやはり蝙蝠傘をさして尻端折《しりはしよ》った薬売りの「ホンケ」の姿を写したものであった。一緒に印刷してあった文字などは思い出せない。子供等にとってはこのビラ紙も「ホンケ」であり、それをくれる人間も「ホンケ」であった訳である。とにかく、このビラ紙を貰うのが当時のわれわれ子供には相当な喜びであった。今になって考えると実に不思議である。少年雑誌やお伽噺《とぎばなし》の本などというもののまだ一つもなかった時代では、こんな粗末な刷り物でも子供には珍しかったのであろう。ずいぶん俗悪な木版刷ではあったが、しかし現代の子供の絵本のあくどい色刷などに比較して考えるとむしろ一種稚拙《ちせつ》に鄙《ひな》びた風趣《ふうしゅ》のあるものであったようにも思われる。

同じく昔の郷里の夏の情趣と結び付いている想い出の売り声の中でも枇杷《びわ》葉湯《ようとう》(5)売りのそれなどは、今ではもう忘れている人よりも知らぬ人が多いであろう。朱漆《しゅうるし》で塗った地に黒漆で鴉《からす》の絵を描いたその下に烏丸《からすまる》枇杷葉湯と書いた一対の細長い箱を振り分けに肩にかついで「ホンケー、カラスマル、ビワヨーオートー」と終りの「ヨートー」を長く清らかに引いて、呼び歩いていたようにも思うし、また木蔭などに荷を下ろして往来の人に呼びかけていたようにも思う。その声が妙に涼しいようでもあり、また暑いようでもあった。しかしその枇杷葉湯が一体どんなものだか、味わったことは勿論《もちろん》見たこともなかった。その頃もう既《すで》に大衆性《ポピュラリティ》を亡《うし》なってしまって、ただわずかに過去の惰性の名残《なごり》を止めていたのではないかと思われる。東京で震災前までは深川《ふかがわ》辺で見かけたことのあるあの定斎屋《じょうさいや》（6）と同じようなものであったらしいが、しかし枇杷葉湯のあの朱塗の荷函《にばこ》と清々《すがすが》しい呼び声とには、あのガッチン／＼の定斎屋よりも遥かに多くの過去の夢と市井の詩とを包有していたような気がする。

生菓子を色々、四角で扁平《へんぺい》な漆塗の箱に入れたのを肩にかけて、「カエチョウ、カエチョウ」と呼び歩くのは、多くは男の子で、そうして大概きまって尻の切れた冷飯草履《ひやめしぞうり》（7）をはいていたような気がする。それが持って来る菓子の中に「イガモチ」というのがあった。道明寺《どうみょうじ》の餡入餅《あんいりもち》であったがその外側に糯米《もちごめ》のふかした粒がぽつぽつと並べて植付けてあった。丁度《ちょうど》栗のいがのようだと云うので「いが餅」と名づけたものらしい。「カエチョウ」の意味は自分には分らない。この果敢《はか》ない行商の一人に頭蓋骨の異常に大きな福助のような子がいた。誰かが試みに一銭銅貨と天保銭を出して、どちらでもいい方を取れと云ったら判然《はっきり》と天保銭を選んだという噂があった。また、その生きている頭蓋骨をとっくにどこかの病院に百円とかで売ってあるのだという話もあった。

七味辛子を売り歩く男で、頭には高く尖った円錐形の帽子を冠り、身には真赤な唐人服を纏《まと》い、そうしてほとんど等身大の唐辛子の形をした張り抜きを紐で肩に吊して小脇にかかえ、そうして「トーン、トーオン、トンガヮシノコー(休)、ヒリヒリカラィノガ、サンショノコー(休)、ゴマノコケシノコ、ショウガノコー(休)、トーントーントンガヮシノコ」と四拍子の簡単な旋律を少しぼやけた中空なバリトンで唱《うた》い歩くのがいた。その大きな真赤な張抜きの唐辛子の横腹の蓋をあけると中に七味辛子の倉庫があったのである。この異風な物売りはあるいは明治以後の産物であったかもしれない。

「お銀が作った大ももは」と呼び歩く楊梅《やまもも》売りのことは、前に書いたことがあるから略する。

蜆《しじみ》売りは「スズメガイホー」と呼び歩いた。牡蠣《かき》売りは昔は「カキャゴー」と云ったものらしい、というのは自分等の子供時代に大人からしばしば聞かされた狸《たぬき》の怪談のさまざまの中に、この動物が夜中に牡蠣売りに化けて「カキャゴー〳〵」と呼び歩くというのがあって、われわれはよく夜道を歩きながらその狸の真似をするつもりで「カキャゴー」「カキャゴー」と叫び歩き、そうして自分で自分の声におびえることによって不思議な神秘の感覚を味わい享楽したものであった。

北の山奥から時々姿を現わして奇妙な物を売りありく老人がいた。少しびっこで恐ろしく背の高い痩《や》せこけた老翁《ろうおう》であったが、破れ手拭《てぬぐい》で頬冠りをした下からうす汚い白髪がはみ出していたようである。着物は完全な襤褸《ぼろ》でそれに荒縄の帯を締めていたような気がする。大きい炭取くらいの大きさの竹籠を棒切れの先に引っかけたのを肩にかついで、跛《びっこ》を引き歩きながら「丸葉柳《まるばやなぎ》は、山オコゼは」と、少し舌のもつれるような低音《バス》で尻下がりのアクセントで呼びありくのであった。舌がもつれるので「山オコゼは」が「ヤバオゴゼバ」とも聞こえるような気がした。とにかく、この山男の身辺には何となく一種神秘の雰囲気が揺曳《ようえい》しているように思われて、当時の悪太郎どもも容易には接近し得なかったようである。自分もこの老いさらぼえた山人に何とはなしに畏怖の念を懐《いだ》いていたが、しかしその「山オコゼ」と云うのがどんなものだか知りたいという強い好奇心を永い間もちつづけていた。それでとうとう母にねだって二つ三つの標本を買ってもらった。それは、煙管貝《きせるがい》のような恰好で全体灰色をした一種の巻貝であって、長さはせいぜい五、六分《ぶ》くらいであったかと思う。勿論貝殻だけでなく活《い》きた貝で、箱の中へ草と一緒に入れてやるとその草の葉末を蓑虫《みのむし》か何ぞのようにのろのろ這い歩いた。海でなくて奥山にこんな貝がいるというのがいかにも不思議に思われたが、その貝の棲息状態などについては誰も話してくれる人はなかった。海の「オコゼ」は魚であるのに何故山の「オコゼ」が貝であるかも不可解であった。

「山オコゼ」がどうして売り物になるか、またそれを買った人がどういう目的にそれを使用するか、という疑問に対して聞き得たことを今ではぼんやりしか覚えていない。なんでも今日のいわゆる「マスコット」の役目をつとめるというのであったようである。例えばこれを懐中しているとトランプでもその他の賭博でも必勝を期することが出来るというのであったらしい。勿論この効験は偶然の方則に支配されるのである。

「丸葉柳」の方はどんな物だか、何に使うのか、それについては自分の記憶も知識も全然空白である。

売り声の亡びて行くのは何故であるか、その理由は自分にはまだよく分らないが、しかし、亡びて行くのは確かな事実らしい。
　普通教育を受けた人間には、もはや真昼間町中を大きな声を立てて歩くのが気恥ずかしくて出来なくなるのか、売り声で自分の存在を知らせるだけで、おとなしく買手の来るのを受動的に待っているだけでは商売にならない世の中になったのか、あるいはまた行商ということ自身がもう今の時代に相応《ふさわ》しくない経済機関になって来たのか、あるいはそれらの理由が共同作用をしているのか、これはそう簡単な問題ではなさそうである。それはいずれにしても、今のうちにこれらの亡び行く物売りの声を音譜にとるなり蓄音機のレコードにとるなりなんらかの方法で記録し保存しておいて百年後の民俗学者や好事家《こうずか》(8)に聞かせてやるのは、天然物や史蹟などの保存と同様にかなり有意義な仕事ではないかという気がする。国粋保存の気運の向いて来たらしい今の機会に、内務省だか文部省だか、どこか適当な政府の機関でそういうアルキーヴス(9)を作ってはどうであろうか。ついそんな空想も思い浮べられるのである。

（一九三五年　五十七歳）

涼味数題

涼しさは瞬間の感覚である。持続すれば寒さに変ってしまう。そのせいでもあろうか、暑さや寒さの記憶に比べて涼しさの記憶はどうも一体に稀薄《きはく》なように思われる。それはとにかく、過去の記憶の中から涼しさの標本を拾い出そうとしても、なかなか容易に想い出せない。そのわずかな標本の中で、最も古いのには次のようなものがある。

幼い時のことである。横浜であったか、神戸であったか、それすらはっきりしないが、とにかくそういう港町の宿屋に、両親に伴われてたった一晩泊ったその夜のことであったらしい。宿屋の二階の縁側にその時代にはまだ珍しい白いペンキ塗りの欄干《らんかん》があって、その下は中庭で樹木がこんもり茂っていた。その樹々の葉が夕立にでも洗われた後であったか、一面に水を含み、その雫《しずく》の一滴ごとに二階の灯火が映じていた。あたりはしんとして静かな闇の中に、どこかで轡虫《くつわむし》が鳴きしきっていた。そういう光景がかなりはっきり記憶に残っているが、その前後の事柄は全く消えてしまっている。ことによると夢であったかもしれないと思われるほど覚束《おぼつか》ない記憶である。この、それ自身には甚《はなは》だ平凡な光景を想い出すと、いつでも涼風が胸に充ちるような気がするのである。何故だか分からない。こんな平凡な景色の記憶がこんなに鮮明に残っているには、何か訳があったに相違ないが、その訳はもう詮索する手蔓《てづる》がなくなってしまっている。

中学時代に友人二、三人と小舟を漕いで浦戸湾内を遊び廻ったある日のことである。昼食時に桂浜《かつらはま》へ上がって、豆腐を二、三丁買って来て醤油をかけてむしゃむしゃ喰った。その豆腐が、たぶん井戸にでも漬けてあったのであろう。歯に浸《し》みるほど冷たかった。炎天に舟を漕ぎ廻って咽喉《のど》が乾いていたためか、その豆腐が実に涼しさの塊《かたま》りのように思われた。

熱い食物で涼しいものもある。小学時代に、夏が来ると南磧《みなみがわら》に納涼場が開かれて、河原の砂原に葦簾張《よしずばり》の氷店や売店が並び、また蓆囲《むしろがこ》いの見世物小屋がその間に高く聳《そび》えていた。昼間見ると乞食王国の首都かと思うほど汚い眺めであったが、夜目にはそれがいかにも涼しげに見えた。父は永い年月熊本に勤めていた留守で、母と祖母と自分と三人だけで暮していた頃の事である。一夏に一度か二度かは母に連れられて、この南磧の涼みに出かけた。手品か軽業《かるわざ》か足芸のようなものを見て、帰りに葦簾張の店へはいって氷水を飲むか、あるいは熱い「ぜんざい」を食った。この熱いぜんざいが妙に涼しいものであった。店とはいっても葦簾囲いの中に縁台が四つ五つくらい河原の砂利の上に並べてあるだけで、天井は星の降る夜空である。それが雨の後などだと、店内の片隅へ河が侵入して来ていて、清冽《せいれつ》な鏡川《かがみがわ》の水が漣《さざなみ》波を立てて流れていた。電灯もアセチリンもない時代で、カンテラ(1)がせいぜいで石油ランプの照明しかなかったが硝子《ガラス》の南京玉《なんきんだま》を列《つら》ねた水色の簾《すだれ》や紅い提灯《ちょうちん》などを掛け列ねた露店の店飾りはやはり涼しいものであった。近年東京会館の屋上庭園などで涼みながら銀座辺のネオンサインの照明を見下ろしているときに、ふいとこの幼時の南磧の納涼場の記憶が甦《よみがえ》って来て、そうしてあの熱い田舎《いなか》ぜんざいの水っぽい甘さを思い出すと同時に亡き母のまだ若かった昔の日を思い浮べることもある。この磧の涼味にはやはり母の慈愛が加味されていたようである。

高知も夕凪《ゆうなぎ》の顕著なところで正常な天気の日には夜中にならなければ陸軟風《りくなんぷう》(2)が吹き出さない。

それに比べると東京の夏は涼風に恵まれている。ずっと昔のことであるが、日本各地の風の日変化の模様を統計的に調べてみたことがある。この結果によると、太平洋岸や瀬戸内海沿岸の多くの場所では、いわゆる陸軟風と季節的な主風とが相殺《そうさい》するために、夕凪の時間が延長されるのであるが、東京では、特殊な地形的関係のおかげでこの相殺作用が成立しない。そのために、正常な天候でさえあれば、夕方の涼風を存分に発達させているということが分かったのであった。それはとにかく、こういう意味で、夕風の涼しさは東京名物の一つであろう。夕食後風呂を浴びて無帽の浴衣がけで神田上野あたりの大通りを吹抜ける涼風に吹かれることを考えると、暑い汽車に乗って暑い夕凪をわざわざ追いかけて海岸などへ出かける気になりかねるのである。

もっとも、東京でも蒸《む》し暑い夜の続く年もある。二十余年の昔、小石川の仮住居の狭い庭へ盥《たらい》を二つ出してその間に張り板の橋をかけ、その上に横臥して風の出るのを待った夜もあった。あまり暑いので耳朶《みみたぶ》へ水をつけたり、濡手拭で臑《すね》や、ふくらはぎや、蹠《あしうら》を冷却したりする安直な納涼法の研究をしたこともあった。しかし近年は裏の藤棚の下の井戸水を頭へじゃぶじゃぶかけるだけで納涼の目的を達するという簡便法を採用するようになった。年寄の冷水《ひやみず》も夏は涼しい。

われわれ日本人のいわゆる「涼しさ」はどうも日本の特産物ではないかという気がする。支《し》那《な》のような大陸にも「涼」の字はあるが日本の「すずしさ」と同じものかどうか疑わしい。ほんのわずかな経験ではあるが、シンガポールやコロンボでは涼しさらしいものには一度も出遇わなかった。ダージリンは知らないがヒマラヤはただ寒いだけであろう。暑さのないところには涼しさはないから、ドイツやイギリスなどでも涼しさにはついぞお目にかからなかった。ナイアガラ見物の際に雨合羽《あまがっぱ》を着せられて滝壺に下りたときは、暑い日であったがふるえ上がるほど「つめたかった」だけで涼しいとはいわれなかった。

少なくも日本の俳句や歌に現われた「涼しさ」はやはり日本の特産物で、そうして日本人だけの感じ得る特殊な微妙な感覚ではないかという気がする。単に気がするだけではなくて、そう思わせるだけの根拠がいくらかないでもない。それは、日本という国土が気候学的、地理学的によほど特殊な位地にあるからである。日本の本土はだいたいにおいて温帯に位《くらい》していて、そうして細長い島国の両側に大海とその海流を控え、陸上には脊梁《せきりょう》山脈が聳《そび》えている。そうして欧米には無い特別のモンスーンの影響を受けている。これだけの条件をそのままに全部具備した国土は日本の外《ほか》にはどこにもないはずである。それで、もしもいわゆる純日本的のすずしさが、この条件の寄り集まって生ずる産物であるということが証明されれば、問題は決定される訳であるが、遺憾ながらまだ誰もそこまで研究をした人はないようである。しかし「涼しさ」は暑さとつめたさとが適当なる時間的空間的週期をもって交代する時に生ずる感覚である」という自己流の定義が正しいと仮定すると、日本における上述の気候学的地理学的条件は、正《まさ》にかくのごとき週期的変化の生成に最も相応《ふさわ》しいものだといっても大した不合理な空想ではあるまいかと思うのである。

同じことは色々な他の気候的感覚についてもいわれそうである。俳句の季題の「朧《おぼろ》」「花の雨」「薫風《くんぷう》」「初嵐」「秋雨」「村時雨《むらしぐれ》」などを外国語に翻訳出来るには出来ても、これらのものの純日本的感覚は到底《とうてい》翻訳出来るはずのものではない。

数千年来このような純日本的気候感覚の骨身に浸み込んだ日本人が、これらのものをふり棄《す》てようとしてもなかなか容易にはふりすてられないのである。昔から時々入り込んで来た支那やインドの文化でも宗教でも、いつの間にか俳諧の季題になってしまう。涼しさを知らない大陸の色々な思想が、一時は流行《はや》っても、一世紀たたないうちに同化されて同じ夕顔棚の下涼みをするようになりはしないかという気がする。いかに交通が便利になって、東京ロンドン間を一昼夜に往復出来るようになっても、日本の国土を気候的地理的に改造することは当分六《むつ》かしいからである。ジャズや弁証法的唯物論の流行る都会でも、朝顔の鉢はオフィスの窓に、プロレタリアの縁側に涼風を呼んでいるのである。

この日本的の涼しさを、最も端的に表現する文学はやはり俳句にしくものはない。詩形そのものからが涼しいのである。試みに座右《ざゆう》の漱石句集から若干《じやっかん》句を抜いてみる。

顔にふるゝ芭蕉涼しや籐《とう》の寝椅子《ねいす》
涼しさや蚊帳《かや》の中より和歌の浦
水盤に雲呼ぶ石の影涼し
夕立や蟹《かに》這上る簀子縁《すのこえん》

したゝりは歯朶《しだ》に飛散る清水哉《かな》

満潮や涼んで居れば月が出る

日本固有の涼しさを十七字に結晶させたものである。

「涼しい顔」というものがある。例えば収賄の嫌疑で予審中でありながら○○議員の候補に立つ人や、それをまた最も優良なる候補者として推薦する町内の有志などの顔がそれである。しかしまた俗流の毀誉《きよ》を超越して所信を断行している高士の顔も涼しかりそうである。しかしこの二つの顔の区別はなかなか分かりにくいようである。また、少し感の悪いうっかり者が、とんでもない失策を演じながら当人はそれと気が付かずに太平楽な顔をしているのも、やはり涼しい顔の一種に数えられるようである。これなどは愛嬌《あいきょう》のある方である。自分なども時々大事な会議の日を忘れて遊びに出たり、受持の講義の時間を忘れてすきな仕事に没頭していたり、大事な知人の婚礼の宴会を忘れていて電話で呼出されたりして、大いに恥入ることがあるが、仕方がないからなるべく平気なような顔をしている。これも人から見れば涼しい顔に見えるであろう。

友人の話であるが、百貨店の食堂へ這入《はい》って食卓を見廻し、誰かの食い残した皿が見付かると、そこへゆうゆうと坐り込んで、残肴《ざんこう》を綺麗に喰ってしまって、そうして、ニコニコしながら帰って行くという人もあるそうである。これもだいぶ涼しい方の部類であろう。

義理人情の着物を脱ぎ棄て、毀誉褒貶《ほうへん》の圏外へ飛出せばこの世は涼しいにちがいない。この点では禅僧と収賄議員との間にもいくらか相通ずるものがあるかもしれない。

色々なイズムも夏は暑苦しい。少なくも夏だけは「自由」の涼しさが欲しいものである。「風流」は心の風通しのよい自由さを意味する言葉で、また心の涼しさを現わす言葉である。南画などの涼味もまたこの自由から生れるであろう。

風鈴の音の涼しさも、一つには風鈴が風に従って鳴る自由さから来る。あれが器械仕掛でメトロノームのようにきちょうめんに鳴るのではちっとも涼しくはないであろう。また、がむしゃらに打ちふるのでは号外屋の鈴か、ヒトラーの独裁政治のようなものになる。自由は我儘《わがまま》や自我の押売とはちがう。自然と人間の方則に服従しつつ自然と人間を支配してこそ本当の自由が得られるであろう。

暑さがなければ涼しさはない。窮屈な羈絆《きはん》(3)の暑さのないところには自由の涼しさもあるはずはない。一日汗水垂らして働いた後にのみ浴後の涼味の真諦《しんたい》(4)が味わわれ、義理人情で苦しんだ人にのみ自由の涼風が訪れるのである。

涼味の話がつい暑苦しくなった。

今日、偶然今年流行の染織品の展覧会というのをのぞいた。近代の夏の衣裳の染織には、どうも一般に涼しさが欠乏しているのではないかと思う。しかし大通りでないその裏通りの呉服屋などの店先には、時たま純日本的に涼しい品を見かけることがある。江戸時代から明治時代にかけての涼味が、まだ東京の片隅のどこかに少しは残っているものと見える。

（一九三三年　五十五歳）

浅草紙

十二月始めのある日、珍しくよく晴れて、そして風のちっともない午前に、私は病床から這い出して縁側で日向《ひなた》ぼっこをしていた。都会では滅多《めった》に見られぬ強烈な日光がじかに顔に照りつけるのが少し痛いほどであった。そこに干してある蒲団からはぽかぽかと暖かい陽炎《かげろう》が立っているようであった。湿った庭の土からは、かすかに白い霧が立って、それがわずかな気紛れな風の戦《そよ》ぎにあおられて小さな渦を巻いたりしていた。子供等は皆学校へ行っているし、他の家族もどこで何をしているのか少しの音もしなかった。実に静かな穏やかな朝であった。

私は無我無心でぼんやりしていた。ただ身体中の毛穴から暖かい日光を吸い込んで、それがこのしなびた肉体の中に滲《し》み込んで行くような心持をかすかに自覚しているだけであった。

ふと気がついて見ると私のすぐ眼の前の縁側の端に一枚の浅草紙《あさくさがみ》(1)が落ちている。それはまだ新しい、ちっとも汚れていないのであった。私はほとんど無意識にそれを取り上げて見ているうちに、その紙の上に現われている色々の斑点が眼に付き出した。

紙の色は鈍い鼠《ねずみ》色で、ちょうど子供等の手工に使う粘土のような色をしている。片側は滑《なめら》かであるが、裏側はずいぶんざらざらして荒筵《あらむしろ》のような縞目《しまめ》が目立って見える。しかし日光に透かして見るとこれとはまた独立な、もっと細かく規則正しい簾《すだれ》のような縞目が見える。この縞はたぶん紙を漉《す》く時に繊維を沈着させる簾の痕跡であろうが、裏側の荒い縞は何だか分らなかった。

指頭大の穴が三つばかり明いて、その周囲から喰《は》み出した繊維がその穴を塞《ふさ》ごうとして手を延ばしていた。

そんな事はどうでもよいが、私の眼についたのは、この灰色の四十平方寸ばかりの面積の上に不規則に散在しているさまざまの斑点であった。

先《ま》ず一番に気の付くのは赤や青や紫や美しい色彩を帯びた斑点である。大きいのでせいぜい二、三分《ぶ》四方、小さいのは虫眼鏡ででも見なければならないような色紙の片が漉き込まれているのである。それがただ一様な色紙ではなくて、よく見るとその上には色々の規則正しい模様や縞や点線が現われている。よくよく見ているとその中のある物は状袋《じょうぶくろ》(2)のたばを束ねてある帯紙《おびがみ》(3)らしかった。またある物は巻煙草の朝日の包紙の一片らしかった。マッチのペーパーや広告の散らし紙や、女の子のおもちゃにするおすべ紙や、あらゆるそう云った色刷のどれかを想い出させるような片々が見出されて来た。微細《びさい》な断片が想像の力で補充されて頭の中には色々な大きな色彩の模様が現われて来た。

普通の白地に黒インキで印刷した文字もあった。大概《たいがい》やっと一字、せいぜいで二字くらいしか読めない。それを拾って読んでみると例えば「一同」「円」などはいいが「盪」などという妙な文字も現われている。それが何かの意味の深い謎でもあるような気がするのであった。「蛉《ぼ》かな」という新聞の俳句欄の一片らしいのが見付かった時は少しおかしくなって来てつい独《ひと》りで笑った。

どうしてこんな小片が、よくこなれた繊維の中で崩れずに形を保って来たものか。この紙の製造方法を知らない私には分らない疑問であった。あるいはこれらの部分だけ油のようなものが濃く浸《し》み込んでいたためにとろけないで残って来たのではないかと思ったりした。

紙片の外《ほか》にまださまざまの物の破片がくっついていた。木綿糸の結び玉や、毛髪や動物の毛らしいものや、ボール紙のかけらや、鉛筆の削り屑《くず》、マッチ箱の破片、こんなものは容易に認められるが、中にはどうしても来歴の分らない不思議な物件の断片があった。それからある植物の枯れた外皮と思われるのがあって、その植物が何だということがどうしても思い出せなかったりした。

これらの小片は動植物界のものばかりでなく鉱物界からのものもあった。斜めに日光にすかして見ると、雲母《うんも》(4)の小片が銀色の鱗《うろこ》のようにきらきら光っていた。

だんだん見て行くうちにこの沢山な物のかけらの歴史がかなりに面白いもののように思われて来た。何の関係もない色々の工場で製造された種々の物品がさまざまの道を通ってある家の紙屑籠で一度集合した後に、また他の家から来た屑と混合して製紙場の槽《ふね》から流れ出すまでの径路に、どれほどの複雑な世相が纏綿《てんめん》(5)していたか、こう一枚の浅草紙になってしまった今では再びそれをたどって見るようはなかった。私はただ漠然と日常の世界に張り渡された因果の網目の限りもない複雑さを思い浮べるに過ぎなかった。

あらゆる方面から来る材料が一つの釜で混ぜられ、こなされて、それからまた新しい一つのものが生れるという過程は、人間の精神界の製作品にもそれに類似した過程のある事を聯想《れんそう》させない訳にはゆかなかった。

そのような聯想から私はふとエマーソン(6)が「シェークスピア論」の冒頭に書いてある言葉を思い出した。「価値のある独創《オリジナリティ》は他人に似ないという事ではない。」「最大の天才は最も負債の多い人である。」こんな意味の言詞が思い出された。

それからまたある盲目の学者がモンテーニュの研究をするために採った綿密な調査の方法を思い出した。モンテーニュの論文をことごとく点字に写し取った中から、あらゆる思想や、警句や、特徴や、挿話を書き抜き、分類し、整理した後に、さらにこの著者が読んだだろうと思われるあらゆる書物を読んだり読んでもらったりして、その中に見出される典拠や類型を拾い出すというのである。この盲人の根気と熱心に感心すると同時に、その仕事がどことなく私が今紙面の斑点を捜してはその出所を詮索した事に似通《にかよ》っているような気もした。どんな偉大な作家の傑作でも――むしろそういう人の作ほど豊富な文献上の材料が混入しているのは当然な事であった。それを詮索するのは興味もあり有益な事でもあるが、それは作と作家の価値を否定する材料にはならなかった。要は資料がどれだけよくこなされているか、不浄なものがどれだけ洗われているかにあった。

作中の典拠を指摘する事が批評家の知識の範囲を示すために、第三者にとって色々の意味で興味のある場合もかなりにある。該博《がいはく》な批評家の評註は実際文化史思想史の一片として学問的の価値があるが、そうでない場合には批評される作家も、読者も、従って批評者も結局迷惑する場合が多いように思われる。そういう批評家のために一人の作家が色々互いに矛盾したイズムの代表者となって現われたりするのであろう。

美術上の作品についても同様な場合がしばしば起る。例えば文展や帝展でもそんな事があったような気がする。それにつけて私は、ラスキン(7)が「剽窃《ひょうせつ》」の問題について論じてあった事を思い出して、も一度それを読んでみた。その最後の項にはこんな事が書いてあった。

「一般に剽窃《プラジアリズム》について云々する場合に忘れてならないのは、感覚と情緒を有する限りすべての人は絶えず他人から補助を受けているという事である。人々はその出会うすべての人から教えられ、その途上に落ちているあらゆる物によって富まされる。最大なる人は最もしばしば授けられた人である。そしてすべての人心の所得をその真の源まで追跡する事が出来たら、この世界がいちばん多くの御蔭を蒙《こうむ》っているのは、最も独創力のある人々であった事を発見するだろう。またそういう人々がその生活の日ごとに、人類から彼等が負う負債を増しながら、同時に同胞に贈るべきものを増大して行った事が分るだろう。何かの思想あるいは何かの発明の起源を捜そうとする労力は、太陽の下に新しき物なしというあっけない結論に終るに極《きま》っている。そうかと云って本当に偉大なものが全くの借り物であるという事もありようはない。それで何でも人からくれるものが善いものであれば何もおせっかいな詮議などはしないで単純にそれを貰って、直接くれたその人に御礼を云うのが、通例最も賢い人であり、いつでも最も幸福な人である。」

この文辞の間にはラスキンの癇癪《かんしやく》から出た皮肉も交じってはいるが、ともかくもある意味ではやはり思想上の浅草紙の弁護のようにも思われる。

エマーソンとラスキンの言葉を加えて二で割って、もう一遍これを現在のある過激な思想で割るとどうなるだろう。これは割り切れないかもしれない。もし割り切れたら、その答はどうなるだろう。あらゆる思想上の偉人は結局最も意気地のない人間であったという事にでもなるだろうか。

魔術師でない限り、何もない真空からたとえ一片の浅草紙でも創造する事は出来そうに思われない。しかし紙の材料をもっと精選し、もっとよくこなし、もういっそうよく洗濯して、純白な平滑《へいかつ》な、光沢があって堅実な紙に仕上げる事は出来るはずである。マッチのペーパーや活字の断片がそのままに眼につくうちはまだ改良の余地はある。

ラスキンをほうり出して、浅草紙をまた膝の上へ置いたまま、うとうととしていた私の耳へ午《ご》砲《ほう》の音が響いて来た。私は飯を食うためにこのような空想を中止しなければならないのであった。

（一九二一年　四十三歳）

自画像

四月の始めに山本鼎《かなえ》氏著『油絵のスケッチ』という本を読んで急に自分も油絵がやってみたくなった。去年の暮に病気して以来は、ほとんど毎日朝から晩まで床《とこ》の中で書物ばかり読んでいたが、だんだん暖かくなって庭の花壇の草花が芽を吹き出して来ると、いつまでも床の中ばかりにもぐっているのが急に嫌になった。同時に頭の工合も寒い時分とは調子が違って来て、あまり長く読書している根気がなくなった。今までは内側へ内側へと向いていた心の眼が急に外の方へ向くと、そこには冬の眠りからさめて一時に活気づいた自然界が勇み立って自分を迎えてくれるような気がした。丁度《ちょうど》そこへ山本氏の著書が現われて自分の手をとって引き立てるのであった。

中学時代に少しばかり油絵を描いてみた事はある。図画の先生に頼んで東京の飯田とかいううちから道具や絵具を取り寄せてもらって、先生から借りた御手本を一生懸命に摸写した。カンヴァスなどは使わず、黄色いボール紙に自分で膠《にかわ》を引いてそれにビチューメン〔bitumen 瀝《れき》青《せい》〕で下図の明暗を塗り分けてかかるというやり方であった。かなり沢山描いたが実物写生という事は遂にやらずにしまった。そして他郷に遊学すると同時にやめてしまって、今日までついぞ絵筆を握る機会はなかった。もと使った絵具箱やパレットや画架《がか》なども、数年前国の家を引払う時に、もうこんなものは要るまいと云って、自分の知らぬ間に、母が屑屋《くずや》にやってしまったくらいである。

その後都へ出て洋画の展覧会を見たりする時には、どうかすると中学時代の事を思い出し、同時にあの絵具の特有な臭気《しゅうき》と当時描きながら口癖に鼻声で歌ったある唱歌とを思い出した、そうして再びこの享楽に耽《ふけ》りたいという欲望がかなり強く刺戟《しげき》されるのであった。しかし自分の境遇は到底《とうてい》それだけの時間の余裕と落着いた気分を許してくれないので実行の見込は少なかった。ただ展覧会を見る度《たび》にそういう望みを起してみるだけでも自分の単調な生活に多少の新鮮な風を入れるという効果はあった。

中学時代には、油絵といえば、先生のかいたもの以外には石版色刷の複製品しか見た事はなかった。いつか英国人の宣教師の細君が旧城跡の公園でテントを張って幾日も写生していた事があった。どんなものが出来ているか覗いてみたくてこわごわ近づくと、十二、三くらいの金髪の子供がやって来て「アマリ、ソバクルト犬クイツキマース」などと云った。実際傍《そば》には見た事もないような大きな犬がちゃんと番をしているのであった。

それから二十何年の間に自分はかなり多くの油絵に目をさらした。数からいえばおそらく莫大なものであろう。見ているうちに自分の眼はだんだんに色々に変って来た。そして芸術としての油絵というものに対する考えも色々に遷《うつ》って行った。ただその間に不断に懐《いだ》いていた希望はいつか一度は「自分の描いた絵」を見たいという事であった。世界中に名画の数がどれほどあってもそれは構わない。どんなに拙劣《せつれつ》でもいいから、生れてまだ見た事のない自分の油絵というものに対してみたいというのであった。

このような望みは起っては消え起っては消え十数年も続いて来た。それが今年の草木の芽立つと同時に強い力で復活した。そしてその望みを満足させる事が、同時に病余の今の仕事として適当であるという事に気が付いた。

それでさっそく絵具や筆や必要品を取り揃えて小さなスケッチ板へ生れて始めてのダップレナチュール〔d'après nature 自然に従っての意〕を試みる事になった。新しいパレットに押し出した絵具のなまなましい光と匂は強烈に昔の記憶を呼び起させた。長い筆の先に粘《ねば》い絵具をこねるときの特殊な触感も更に強く二十余年前の印象を盛り返して、その当時の自分の室から庭の光景や、ほとんど忘れかかった人々の顔を眼のあたりに見るような気がした。

先《ま》ず手近な盆栽《ぼんさい》や菓物《くだもの》やコップなどと手当り次第に描いてみた。始めのうちはうまいのかまずいのかそんな事はまるで問題にならなかった。そういう比較的な言葉に意味があろうはずはなかった。画家の数は幾万人あっても自分は一人しか居ないのであった。

思うように描けないのは事実であった。その代り自分の思いがけもないようなものが出来てくるのも面白くない事はなかった。とても描けそうもないと思ったものが存外どうにか物になったと思う事もあり、訳もないと思ったものがなかなか六《むつ》ケしかったりした。それよりも面白いのは一色の壁や布の面からありとあらゆる色彩を見付け出したり、静止していると思った草の葉が動物のように動いているのに気がついたりするような事であった。そして絵を描いていない時でもこういう事に対して著しく敏感になって来るのに気がついた。寝ころんで本を読んでいると白い頁《ページ》の上に投じた指の影が、恐ろしく美しい純粋なコバルト色をして、その側に黄色い補色の隈《くま》を取っているのを見て驚いてしまってそれきり読書を中止した事もある。またある時花壇の金蓮花《きんれんか》の葉を見ているうちに、曇った空が破《わ》れて急に強い日光がさすと、沢山な丸い葉は見る間にすくすくと向きを変え、間隔と配置を変えて、我れ勝ちに少しでも多く日光を貪《むさぼ》ろうとするように見えた。一つ一つの葉がそれぞれ意志のある動物のように思われて何だか恐ろしいような気もした。

手近な静物や庭の風景とやっているうちに、描く物の種がだんだんに少なくなって来た。本当は同じ静物でも風景でも排列や光線や見方をちがえればいくらでも材料にならぬ事はないが、素人《しろうと》の初学者の自分としては、少なくも一わたりは色々ちがった物が描いてみたかった。一番描いてみたいのは野外の風景であるが、今の病体ではそれは断念する外《ほか》はなかった。それでとうとう自画像でも始めねばならないようになって来た。一体自分はどういうものか、従来肖像画というものにはあまり興味を感じないし、殊に人の自画像などには一種の原因不明な反感のようなものさえもっているのであるが、それにもかかわらず遂に自分の顔でも描いてみる気になってしまった。

それである日鏡の前に坐って、自分の顔をつくづく見てみると、顔色が悪くて頬がたるんで眼から眉の辺や口許には名状の出来ない暗い不愉快な表情が泛《ただよ》うているので、描いてみる勇気が一時になくなってしまった。そのうちにまた天気のいい気分の好い折に小さな鏡を机の前に立てて見たら、その時は鏡の中の顔が晴れ晴れとしていて眼もどことなく活気を帯びて、前とは別人のような感じがした。それでさっそく一番小さなボール板へ写生を始めた。鉛筆でザッと下図をかいてみたがなかなか似そうもなかった、しかし構わず絵具を付けているうちに間もなくともかくも人の顔らしいものが出来た。のみならずやはりいくらかは自分に似ているような気もした。顔の長さが二寸くらいで塗りつぶすべき面積が狭いだけに思ったよりは雑作《ぞうさ》なく顔らしいものが出来た、と思ってちょっと愉快であった。それでさっそく家族に見せて廻ると、似ているという者もあり、似ていないというものもあった、無論これはどちらも正しいに相違なかった。

この始めての自画像を描く時に気のついたのは、鏡の中にある顔が自分の顔とは左右を取りちがえた別物であるという事である。これは物理学上からは極めて明白な事であるが、写生をしているうちに始めてその事実が本当に体験されるような気がした。衣服の左り前なくらいはいいとしても、また髪の毛の撫《な》で付け方や黒子《ほくろ》の位置が逆になっているくらいはどうでもなるとしても、もっと微細《びさい》な、しかし重要な眼の非対称や鼻の曲りやそれを一々左右顚倒《てんとう》して考えるという事は非常に困難な事である。要するに一面の鏡だけでは永久に自分の顔は見られないという事に気が付いたのである。二枚の鏡を使って少し斜めに向いた顔を見る事は出来るだろうがそれを実行するのはおっくうであったし、また自分の技量で左右の相違を描き分ける事も出来そうになかった。そんな事を考えなくてもただ鏡に映った顔を描けばいいと思ってやっているうちに着物の左衽《ひだりおくみ》(1)の処でまたちょっと迷わされた。自分の科学と芸術とは見たままに描けと命ずる一方で、何だか絵として見た時に不自然ではないかという気もするし、年取った母が嫌がるだろうと思ったので、とうとう右衽に胡魔化《ごまか》してしまったが、それでもやっぱり不愉快であった。

この自画像№1は恐ろしく皺《しわ》だらけのしかみ面《づら》で上眼に正面を睨《にら》み付けていて、如何《いか》にも性急な肝癪持《かんしやくもち》の人間らしく見えるが、考えてみると自分にもそういう資質がないとは云われない。

それから二、三日たってまた第二号の自画像を前のと同大の板へ描いてみた。今度は少し顔を斜めにしてやってみると、前とは反対に大変温和な、のっぺりした、若々しい顔が出来てしまった。妻や子供等はみんな若すぎると云って笑ったが、母だけはこの方がよく似ていると云った。母親の眼に見える自分の影像《えいぞう》と、子供等の見た自分の印象とには、事によったら十年以上も年齢の差があるかもしれない。それで思い出したが、近頃自分の高等小学校時代に教わったきりで逢わなかった先生方の写真を見た時にちょっとそれと気がつかなかった。写真の顔があまり若すぎて子供のような気がしたからである。よくよく見ているとありありと三十年前の記憶が呼び返された。これから考えると吾々の頭の中にある他人の顔は自分と一緒に、しかもちゃんときまった年齢の間隔を保存しつつだんだん年をとるのではあるまいか。

同じ自分が同じ自分の顔を描くつもりでやっていると、その時々でこのように色々な顔が出来る、これはつまり写生が拙なためには相違ないが、ともかくも面白い事だと思った。No.1にもNo.2にもどこか自分に似たところがあるはずであるが、1と2を並べて比較してみると、どうしても別人のように見える。そうしてみると1と2がそれぞれ自分に似ているのは、顔の相似を決定すべき主要な本質的の点で似ているのでなくて第二義以下の枝葉《しよう》の点で似ているに過ぎないだろうと思われる。

これについて思い出す不思議な事実がある。ある時電車で子供を一人連れた夫婦の向い側に座を占めて無心にその二人の顔をながめていたが、固《もと》より夫婦の顔は全くちがった顔で、普通の意味で少しも似た処はなかった。そのうちに子供の顔を注意して見ると、その子は非常によく両親のいずれにも似ていた。父親のどことと母親のどこことを伝えているかという事は容易に分りそうもなかったが、とにかく両親のまるでちがった顔が、この子供の顔の中で渾然《こんぜん》と融合してそれが一つの完全な独立な極めて自然的な顔を構成しているのを見て非常に驚かされた。それよりも不思議な事は、子供の顔を注視して後に再び両親の顔を見較べると、始め全く違って見えた男女の顔が交互に似ているように思われて来た事である。このような現象を心理学者はどう説明するだろうか。たしかに面白い問題にはなるに相違ないと思った。それからまた一方では親子の関係というものの深刻な意味を今更のように考えたりした。もう一つ、これはK君の話だが、同君の友人の二男が、父親よりも生母よりも却《かえ》って父の先妻、しかも亡くなった先妻にそっくりなので、始めて見たK君は、一種名状の出来ないショックを感じたそうである。K君の認めた相似が全くオブジェクティヴだとすると、現在の科学はこの説明を持てあますだろうと思われる。

一体二つの顔の似ると似ないを決定すべき要素のようなものは何であろう。この要素を分析し抽出《ちゅうしゅつ》する科学的の方法はないものだろうか。自分は自画像を描きながらいろんな事を考えてみた。同じ大きさに同じ向きの像を何十枚も描いてみる。そしてそれを一枚一枚写真にとって、そのおのおのを重ね合せて重ね撮り写真をこしらえる。もしおのおのの絵が実物とちがう「違い方」が物理学などでいう誤差の方則に従って色々に分配せられるとすれば、重ね撮りの結果は丁度「平均」をとる事になってそれが実物の写真と同じになりはしまいか。もしそれが実物と違えばその相違は描き手に固有ないわゆる personal equation(2) を示すか、あるいはその人の自分の顔に対する理想を暴露するかもしれない。それはとにかく何十枚の肖像を大体似ている度に応じて二つか三つくらいの組に分類する。そうしてその一つ一つの写真を本物の写真と重ねてみてよく一致する点としない点とをいくつかの箇条《かじょう》に分って統計表をこしらえる。こんな方法でやれば「顔の相似」という不思議な現象を系統的に研究する一つの段階にはなりそうである。

自画像は№2でしばらくやめてまた静物などをやっているうちに、一日、画家のT君が旅行から帰ったと云ってわざわざ自分の画を見に来てくれた。有《あ》り丈《た》けの絵をみんな出して見てもらって色々の注意を受け、色々な面白い事を教わって大変に啓発されるような気がした。自画像の二枚については、あまり色が白過ぎるというのと、もっと細かに見て、色や調子を研究して根気よく描かなければいけないというのであった。なるほどそう云われてみると自分の描いた顔は普通の油絵らしくなくて淡彩《たんさい》の日本画のように白っぽいものである。尤《もっと》も鏡が悪いために実際いくぶん顔色が白けて見えたには相違ないが、そう云われて後に鏡と画と較べてみると画像の方はたしかに色が薄くて透明に見えて、上簇期《じょうぞくき》(3)の蚕《かいこ》のような肌をしていた。そして如何にもぞんざいで薄っぺらなものに思われて来た。それからT君は色々の話のうちにトーンというものの大切な事を話した。眼を細くしてよく見極めをつけてから一筆ごとに新しく絵具を交ぜては置いて行くのだそうである。ある人は六尺もある筆の先へちょっと絵具をくっつけて、鳥でも刺すようにして一点くっつけてはまた眺めて考え込むというのである。この話を聞いているうちに何だか非常に愉快になって来た。そういう仕事をしている画家と、非常にデリケートな物理の実験をやって敏感な螺子《ねじ》をいじっては眼鏡を覗いている学者と全く兄弟分のような気がして面白くなって来た、そしてどういう訳か急に可笑《おか》しくなって笑い出すとT君も一緒に笑い出してしまった。

それから二、三日経ってT君の宅《うち》へ行って同君の昔描いた自画像を二枚見せてもらった。それは小さな板へ描いた習作であったがなるほど濃厚な絵具をベタベタときたならしいように盛り付けたものであった。しかし自分ののっぺりした絵と比べてみるとこの方が比較にならぬほどいきいきしていて真黒な絵具の底に熱い血が通《かよ》っていそうな気がした。

尤も考えてみるとこのくらいの事は今始めて知った訳ではない。この自分の自画像がもし他人の絵であったとしたらおそらく始めからまるで問題にならないで打っちゃってしまうほどつまらないものかもしれない。ただそれが自分の描いたのであるがためにこんな分りきった事が分らないでいたのをT君の像を眺めているうちにやっとの事で明白に実認したに過ぎない。一体自分は、多くの人々と同様に、自分の理解し得ないものを「つまらない」と名づけたり、自分と型のちがった人を「常識がない」と思ったりするような事がかなりありそうであるが、幸いにあるいは不幸にして、自分の絵を一つの単純な絵として見て黒人《くろうと》のと比較する時に、自分の方がいいと思い得るほどの自信がないと見えて、T君の画と説とにすっかり感心してしまった。そうして頭を新しく入れ換えて第三号の自画像に取りかかる事にした。

T君のすすめに従って今度はカンヴァスへやることにした。六号という大きさの画布を枠に張ったのを買って来た。同時に画架も買って来てこれに載せた。なんだかいよいよ本式になって来たと思うと少し気味の悪いような気もしてすぐには手を付けられなかった。居間の隅の箪《たん》笥《す》の脇にある鏡台の前へ坐って左から来る光に半面を照らさせ、そして鏡に映っているものは画架でも背後の箪笥でもその上にある本や新聞でも、見えるだけのものはみんなそのままに描いてみようと思ってやり始めた。

今度はなるべく顔を大きくする積りで下図を始めたのであるが、どういうものか下図を描いているうちに思ったより小さくなってしまった。自分が大きくしようと思っているのに手と鉛筆とがそれを押さえ押さえて顔を縮めて行くようにも思われた。実物に近いほどに画く積りのがいつの間にか半分足らずくらいのものになった。実物と思って見ているのが実は鏡の中の虚像で鏡より二倍の距離にあるから視角はかなり小さくなっている。それに画布の方は手近にあるものだから、たとえ映像と絵と同じ視角にしても寸法は実物の半分以下になる訳だと思われる。それにしても人が鏡を見て自分の顔というものの観念をこしらえているが、左右顚倒の事実は別として顔の大きさというものに対しても正当な観念を得る事はおそらく非常に困難だろうと思われ出した。つまり吾々は本当の自分の顔というものは一生知らずに済むのだという気さえした。自分の事は顔さえ分らないのだ。誰かが「自分の背中だけは一生触れられない」と云った事を思い出す。

下図をすっかり消して描き直すのも面倒であったし、またこのくらいの大きさのも一枚あっていいと思ってそのまま進行する事にした。妻と長女とに下図を見せて違った所を捜させるとじきに色々な誤《あやま》りが発見された。他人が見ればそんなに容易《たやす》く見付かるような間違いが、描いている自分にはなかなか分らないのであった。

下図はとうとうあまりよく似ないままで絵具をつけ始めた。描いて行くうちによくなるだろうと思ったが、なかなかそう行かない事は後でだんだんに分って来た。

勿論《もちろん》顔から塗り始めた。始めに大体の肉色と影をつけてしまった時には、似てはいないが大変感じのいいような顔が出来たのでこれは調子がいいと思って多少気乗りがして来た。そしてだんだんに細かく筆を使って似せる方と色の調子とに気を配り始めるとそろそろ六ヶしくなる事が予覚されるようになって来た。先ず第一に困った事は局部局部を見て忠実に写しているといつの間にか局部相互の位置や権衡《けんこう》(4)が乱れてしまう。右の眼の恰好《かっこう》を一生懸命に描いて大体よくなったと思って少し離れて見ると、その眼だけが顔とは独立に横に脱線したり釣り上がり捻《ねじ》れなどした。どうも右を描いている時と左を描いている時とで顔の傾斜が変る癖があるらしかった。そのために左右の眼は互いに自由行動をとってどうしても一つの顔の中に融和しない、仕方がないからいずれか一方をきめてから他の一方を服従させる外はないと思って先ず比較的似ているらしい向って右の眼を標準にする事に決めた、そして左を描く時は一生懸命に右との関係を考え考え描いて行った。

コンパスや物差しを持って来て寸法の比例を取ったりしたが、鏡が使ってあるだけにこの仕事は静物などの場合のように簡単でない。なにしろ本当の顔と鏡の顔と、本当の物差しと鏡の中の物差しとこの四つのものの内の二つを比較するのだから、時々頭の中が錯雑《さくざつ》して比較すべき物を間違えたりする。それからもう一つ鏡の工合の悪い事は、静物などと同じ積りで、眼を細くして握った掌《てのひら》の穴から覗くと鏡の中の顔もその通り真似をするから、結局眼の近辺を描く時にはこの方法は無効になるのであった。

右の眼を標準にしてだんだんに進行して行くうちに、まもなく鼻から顔全体の輪郭まで大改造をやらなければならない事が分って来たのでこれは大変だと思った。顔全体が大分傾斜しなければならぬ事になるらしい。それでは困るから結局肝腎の右の眼をもう一遍打ち壊して、すっかり始めからやり直す外はないと思うと、はりつめた力が一時に抜けて絵筆を投げ出してしまいたくなった。一先ず中止としてカンヴァスを室《へや》の隅へ立てかけて遠方から眺めて見ると顔中妙に引き釣りゆがんで、始めに感じのよかった眼も恐ろしく険相な意地悪そうな光を放って睨んでいるので、どうもそのままにして明日まで置くのは堪《た》えられないような気がした。それで、もう大分肩が凝って苦しくなって来たけれども奮発して直し始めた。

それからほとんど毎朝起きて部屋の掃除がすむとすぐにこの自画像№3に手を入れる。あまり凝り過ぎても身体に障《さわ》るから午前だけにしたいと思ったが、午前中に一段落付けた積りで昼飯を食いながら眺めていると間違った処が眼に付いて気になり出す、もう一筆と思ううちにとうとう午後の時間が容赦なく経ってしまう。

それでも少しずつは似てくるようであった。時としては描きながら近くで見ると非常によくなって、ほとんどもう手を付ける処がないような気がして愉快になる。しかし画架から外《はず》して長押《なげし》(5)の上に立てかけて下から見上げると、まるで見違えるような変な顔になっているのでびっくりする。どうかすると片方の小鼻が途方もなく垂れ下がっているのを手近で見る時には少しも気付かなかったりする。

不思議な事にはこのように毎日見詰めている画の中の顔がだんだんに頭の中に滲《し》み込んで来

てそれがとにかく一人の生きた人間になって来る。それは自分のようでもあるしまた他人のようでもある。時としては画の顔の方が本当の自分で鏡の中のが嘘のような気がする。特に鏡と画面とから離れて空で考える時には、鏡の顔はいつでも影が薄くて画の顔の方が強い強い実在となって頭の中に浮んで来るのである。これでは駄目だと思った。画を見詰める時間をなるべく減じて鏡を見る時を永くしなければいけないと思った。

画の中にいる人間と描いている自分との間には、知らず知らずの間に一種の同情のようなものが生じて来るような気がし出した。画像が口をゆがめて来ると、なんだか自分も口をゆがめなくてはいられなくなるようであった。自分が眼を細くしていると画像も何時《いつ》の間にかそうするように思われた。画の顔が気持のいい日はなんだか愉快であるが、そうでない日は自分も機嫌がよくなかった。

調子のごくごくいい日には好い加減に交ぜる絵具の色や調子が面白いようにうまくはまって行く。絵具の方ですっかり合点《がてん》してよろしくやってくれるのを、自分はただそこまで搬《はこ》んでくっつけてやっているだけのような気がする。こんな時にはかなり無雑作に勢いよく筆をたたき付けると面白いように眼が生きて来たり頬の肉が盛り上がったりする。絵具と筆が勝手気儘《きまま》に絵を描いて行くのを自分はあっけに取られて見ているような気がするのである。こんな時には愉快に興奮する。庭を見ても家内の人々の顔を見ても愉快に見え、そうして不思議に腹がよくへって来る。

これに反して工合の悪い日は、絵具も筆も申し合せて反逆を企《くわだ》て自分を悩ますように見える。色が濃すぎたと思って直すときっと薄過ぎる。直しているうちに輪郭も崩れて来るし、一筆ごとに顔がだんだん無惨に情なく打ちこわされて行く。その時の心持は随分厭《いや》なものである。早く中止すればいいと思わない事はないが、そういう時に限って未練が出て止《や》めるに忍びない。丁度来客でもあって止むを得ず中止する時には、困ったという感じと、丁度いい時に来てくれたという考えとが一緒になる。客が帰ると出来損なった画をすぐに見ないではいられない。

あまり自分が熱中しているものだから、家内のものは戯《たわむ》れに「この絵は魂がはいっているから夜中に抜け出すかもしれない」などと云って笑っていた。ところがある晩床の中にはいって鴨居《かもい》にかけた自画像を眺めていると、画の顔が思いがけもなくまたたきをするような気がした。

これは面白いと思って見詰めると何ともない。しかし眼を外へ転じようとする瞬間にまたすばやく瞬《またた》くように見えた。これは多分有りがちな幻覚かもしれない。プーシキンの短篇にも骨牌《カルタ》のスペードの女王が瞬きをする話があるが、とにかく吾々の神経が特殊な状態に緊張されると、こんな錯覚が生じるものと見える。それよりも不思議な錯覚は、夜床の中で眼をねむって闇の中を見詰めるようにすると、そこに画の顔が見えて来る事である。始めて気のついた時はハルシネーション〔hallucination 幻覚〕のようにはっきり見えたが、その後はただぼんやり、しかしそれが画像の顔だという事が分るくらいに現われたり消えたりした。生理光学でよく研究されている残像《ナハビルド》という現象はあるが、それは通例実物を見詰めた後きわめて少時間だけに止るし、また通例陽像《ポジチーフ》と陰像《ネガチーフ》とが交互に起るものである。このように長時間の後に残存してしかも陽像のみ現われるというのはまだ読んだ事も聞いた事もなかった。おそらくこれは生理的ではなくて、病理的に神経の異常から起るハルシネーションの類だろうが、それにしても妙なものである。人殺しをしたものが長い年月の後に熱病でもわずらった時に殺した時の犠牲者の顔をありあり見るというが、それはおそらく自分の見た幻覚と類した程度のものが見えるのではあるまいかと思った。

もう一つ不思議な錯覚のようなものがあった。ある日例のように少しずつ眼をいじり口元を直ししているうちに、描いている顔が不意に亡父の顔のように見えて来た。丁度画の中から思いがけもなく父の顔が覗いているような気がして愕然《がくぜん》として驚いた。しかし考えてみるとこれはあえて不思議な事はないらしい。自分はかなりに父によく似ていると云われている、自分はそうとは思わないがどこかによく似た点があるに相違ない。自分の顔のどこかを少しばかりどうか修正すれば父の顔に近よりやすい傾向があるのだろう。それで毎日いろいろに直したり変えたりしているうちには偶然その「どこか」にうまくぶつかって、主要な鍵に触れると同時に父の顔が一時に出現するのであろう。

それから考えてみるに自分が毎日筆のさきで色々さまざまの顔を出現させているうちには自分の見た事のない祖先の誰やそれの顔が時々そこから覗いているのではないかという気がし出した。実際時々妙に見たような顔だという気のする事さえある。

人間の具体的な個々の記憶や経験はそのままに遺伝するものではないだろうが、それらを煎《せん》じつめた機微《きび》なある物が遺伝しているので、そのためにこのような心持を起させるのではあるまいか。漱石先生の「趣味の遺伝」[6]はまさにこういう点に触れたもののようにも思われる。ラフカディオ・ハーン[7]の書いたものの中にもこのような考えが論じてあった。吾々の祖先を千年前に遡《さかのぼ》ると、今の自分というのはその昔の二千万人の血を受け継いでいる勘定だそうである。そうしてみると自分が毎日こしらえている色々の顔は、この二千万人の誰かの顔に相当するかもしれない。こんな事を考えて可笑しくも思ったが、同時に「自分」というものの成り立ちをこういう立場から、もう一度よく考えてみなければならないと思った。なんだか独立な自分というものは微塵《みじん》に崩壊してしまって、ただ無数の過去の精霊が五体の細胞と血球の中にうごめいているという事になりそうであった。

　この第三号の自画像は先ずどうにかこうにか仕上げてしまった。本当の意味では何時までかかっても「仕上がる」見込のない事が分って来たから、ここらで先ず一段落ついた事にしてしばらく放置してみる事にした。バックに緑色の布のかかった箪笥があって、その上に書物や新聞の雑然と置いてあるのが如何にもうるさくて画全体を俗悪にしてしまうから、後からすっかり塗りつぶしてその代りに暗緑色の幕を垂れたような工合に直してみた。そうしたら顔が急に引き立って浮き上がって来た。のみならずそれまでは雑誌の口絵にでもありそうな感じのあった絵が、この改造のためにいくらか落ちついた古典的といったような趣《おもむき》を生じた。そして色の対照の効果で顔の色の赤味が強められるのであった。しかしまた同時に着物がやはり赤っぽく見え出して気に入らなくなったが、もうそれを直すだけの根気がなくなってそのままにしてしまった。

すぐに第四号の自画像を同大の画布にやり始める事にした。今度はずっと顔を大きくしてそして前よりも細かく色や調子を分析してやってみようと思った。ところが下図を描き始めにはかなり大きく描いたのが、眼や鼻を直し直ししているうちに知らず知らずだんだんに顔が縮小して行くのが実に不思議であった。大体出来た頃に寸法をとってみるとやっと実物の四分の三くらいのものになっている事が分った。それをもう一度すっかり消してやり直す勇気がなかったから今度もまたそのままでやり続けた。

最初の日は影と日向《ひなた》とを思い切って強く区別して大体の見当をつけてみた。その時に出来た顔は不思議に前の第三号の顔に似ていた。何かしら自分の頭の奥にこびりついた誤謬《ごびゅう》(8)が強い力で存在を主張していると見える。

この画はとうとう二十日余りいじり廻したが、結局やはり物にならないで中止してしまわねばならなかった。顔の面積が大きくなっただけに困難は前よりも一層大きかった。局部に囚《とら》われて全体の権衡を見失う事もいよいよ多かった。セザンヌ(9)が「解りますか、ヴォラール君。輪郭線が見る人から逃げる」と云った本当の意味はよくは分らぬが、全くそういったような気のする事がしばしばあった。右の頬をつかまえたと思う間に左の頬はずるずる逃げ出した。ずっと前にいつかある画家が肖像を描いているのを見た事がある。その時に画家の挙動を注意していると素人の自分には了解の出来ないような事がいろいろあった、例えば肖像の顋《あご》の尖端《せんたん》をそろそろ塗っていると思うとまるで電光のように不意に筆が眼瞼《まぶた》に飛んで行ったりした。油断もすきもならないといった風に眼を光らせて筆をあちらこちらと飛ばせていた。羊の群を守る番犬がぐるぐる駆け廻って、列を離れようとする羊を追い込むような様子があった。今になって考えてみると、あれはやはり輪郭線や色彩が逃げよう逃げようとするのを見張っていたのだと思われた。こういう風にやらなければならないとなるとなかなか大変だと思った。

実際輪郭線がわずかに一ミリだけどちらかへずれても顔の恰好がまるで変ってしまうのは恐ろしいようであった。ある場所につける一点の絵具が濃すぎても薄すぎても顔がいびつに見えた。そのような効果は画に接近して見ていては却って分らなくて少し距《はな》れて見ると著《いちじる》しく見えた。六尺の筆を使う意味が少し解りかけたのである。

どうにか顔らしいものが出来た時にはそれが奇妙にも自分の知っている某○学者によく似ていた。そうとも知らず家内のある者がこの画を見て「大工か左官のような顔だ」といった。

それから毎日いろいろと直して変化させている間に、いつの間にかまたこの同じ大工の顔がひょっくり復帰して来るのが不思議であった。逢いたくないと思ってつとめて避けている人に偶然出くわすような気がしばしばした。ある日思い切って左の頬をうんと切り落してから後はこの不思議な幽霊に脅《おびや》かされる事は二度となくなった。

何時までやっても遂に出来上がる見込はなさそうに思われ出した。ある日K君にこの頃得たいろいろの経験を話しているうちに同君が次のような事を注意した。「一体人間の顔は時々刻々に変化しているのをある瞬間の相だけつかまえる事は第一困難でもあるし、かりにそれを捕えて表現したとしても、それはその人の像と云われるだろうか」というような意味であった。そういう風に考えてみると、単に早取写真のようなものならば技巧の永い習練によって仕上げられ得るものかもしれないが、ある一人の生きた人間の表現としての肖像は結局出来上がるという事はないものだとも思われた。あるいはその点に行くと却って日本画の似顔とかあるいは漫画《まんが》のカリカチュア(10)の方が見込がありそうに思われた。それほどではなくても睫毛《まつげ》一本も見残さず描いた、金属製の顔にエナメルを塗ったような堅い堅い肖像よりは、後期印象派以後の妙な顔の方が少なくも狙いどころだけは本当であるまいかと思われてくる。この考えをだんだんに推し拡げて行くと自然に立体派や未来派などの主張や理論に落ちて行くのではあるまいか。

仕上がるという事のない自然の対象を捕えて絵を仕上げるという事が出来るとすれば、そこには何か手品の種がありそうである。一体顔ばかりでなく、静物でも何でも、あまり輪郭をはっきりかくと絵が堅過ぎて却って実感がなくなるようである。例えばのうぜんの葉を一枚一枚はっきり描いてみると、どうもブリキ細工にペンキを塗ったような感じがする。これは自分の技巧の拙なためかと思うが、しかし存外《ぞんがい》大家の描いたのでもそんなのがありやすい。これに反してわざと輪郭を崩して描くと生気が出て来て運動や遠近を暗示する。これはたしかに科学的にも割合簡単に説明の出来る心理的現象であると思った。同時に普通の意味でのデッサンの誤謬や、不器用不細工というようなものが絵画に必要な要素だという議論にやや確かな根拠が見付かりそうな気がする。手品の種はここにかくれていそうである。

セザンヌはやはりこの手品の種を捜した人らしい、しかしベルナールに云わせると彼の理論と目的とが矛盾していたために生涯仕上げが出来なかったというのである。それにしてもセザンヌが同じ「静物」に百回も対したという心持がどうも自分には分りかねていたが、どうしても出来上がらぬ自分の自画像を描いているうちにふとこんな事を考えた。想うにセザンヌには一つ一つの「林檎《りんご》の顔」がはっきり見えたに相違ない。自分の知った人の中には雀の顔も見分ける人はあるが、それよりも一層鋭いこの画家の目には生きた個々の果物の生きた顔が逃げて廻って困ったのではあるまいか。その結果があの角ばった林檎になったのではあるまいか。

こんなさまざまの事を考えながら、毎日熱心に顔を見詰めては描いていると、自分の顔のみならず、誰でも対している人の顔が一つの立体でなくて画布に現れた絵のように見えて来た。人と対話している時に顔の陰影と光が気になって困った。ある夜顔色の美しい女客の顔を電灯の光でしみじみ見ていると頬や額の明るい処がどうしてもまだ乾かぬ生の絵具をべっとり盛り上げたような気がして仕方がなかった、そしてその光った処が顔の運動につれて色々に変るのを見惚《みと》れているうちに、相手の話の筋道を取り外しそうになる事が一度ならずあった。その後に、ある日K君と青山の墓地を散歩しながら、若葉の輝く樹冠《じゆかん》の色彩を注意して見ているうちに、この事を思い出して話すと、K君は次のような話をしてくれた。ゴンクールの小説に、ある女優が舞台を退いて某貴族と結婚したが、再びもとの生活が恋しくなるというのがある。その最後の条に、夫が病気で非常な苦悶をするのを見たすぐあとで、しかも夫の眼前で鏡へ向かってその動作の復習をやる場面がある。夫がそれを見てお前は芸術家だ、恋は出来ないと云って突きとばすのでお仕舞《しまい》になっている。K君はこれを読んだ時にあまりに不自然だと思ったが、自分の今の話を聞くとそんな事もないとは限らないような気がすると云った。このような特殊な場合だけ考えると、実際世間で純粋な芸術が人倫《じんりん》に廃頽《はいたい》的効果を与えるといって攻撃する人達のいう事も無理でないと思われて来る。しかしそういう不倫な芸術家の与える芸術そのものは必ずしも効果の悪いものばかりとは思われない。つまり、こういう芸術家やこれとよく似た科学者等は、極端なイーゴイストであるがために結果においては却って多数のために自分を犠牲にする事になる場合もあるだろう。そういう時にいつでも結局一番得をするのは、こういう犠牲者の死屍《しし》に鞭《むち》うつパリサイ(11)あたりの学者と僧侶達かもしれない。こんな事を考えているうちに、それなら金儲けに熱中して義理を欠く人はどうかという問題にぶつかって少し六ケしくなって来た。

毎日同じ顔をいじり廻しているうちに時々は要領にうまくぶつかる事もあった。何だか違っているには相違ないが、どう違っているか分らないで困っていたようなところが、何かの拍子にうまく直って来る時には妙な心持がした。楽器の絃の調子を合せて行ってぴったりと合ったような、あるいは嵌《は》まりにくい器械のねじがやっととはまった時のような、何という事なしに肩の凝りがすうっと解けるような気がするものである。

そういう風にうまく行った処はもう二度といじるのが恐ろしくなる。それを構わず筆をつける時にはかなりヒロイックな気持になる。しかしそれをやるときっと手が堅くなっていじけて、失敗する場合が多い。進歩という事にさえ構わなければ手をつけないでそのままに安んじておく方がいわゆる処世の方法とも暗合して安全であるかもしれない。

　それで自画像第四号もとうとう仕上げずにやめてしまった。第三号は第一号のように意地の悪い顔であったが、この第四号は第二号のように温厚らしく出来た。二重人格者の甲乙の性格が交代で現われるような気がした。

　今度は横顔でもやってみようと思って鏡を二つ出して真横から輪郭を写してみたら実に意外な顔であった。第一鼻が思っていたよりもずっと高く如何にも憎《に》く憎《に》くしいように突き出ていて、額がそげて顋がこけて、おまけに後頭部が飛び出していて何とも云われない妙な顔であった、どこかロベスピール[12]に似ているような気がした。とにかく正面の自分と横顔の自分を結びつけるのがちょっと困難に思われた。かつて写真屋のアルバムで知らぬ人の顔について同じような経験をした事はあったが、生れて四十余年来自分の肩の上についている顔についてこんな経験をしようとは思わなかった。

これから思うと刑事巡査が正面の写真によって罪人を物色するような場合には、目前にいる横顔の当人を平気で見逃すプロバビリティ(13)もかなりにありそうだと思った。場合によっては抽象的な人相書によった方が却って安全かもしれない。あるいはむしろ漫画家の描いた鳥羽絵《とばえ》(14)が一番有効かもしれない。上手なカリカチュアは実物よりも以上に実物の全体を現わしているから。

これと聯関《れんかん》して自分が前から懐いている疑問は、人間の顔が往々動物に似たり、反対に動物の顔がある人を思い出させる事である。実際駱駝《らくだ》に似た人やペリカンに似た人がある。河豚《ふぐ》、鱚《きす》、蟷螂《かまきり》、竜《たつ》の落し子《おとしご》などに似た人さえある。古いストランド雑誌にいろんな動物の色写真をうまく色々の人間に見立てたのがあった。ある外国人は日本の相撲《すもう》の顔を見ると必ず何かの動物を思い出すと云ったが、その人の顔自身がどうも何かの獣に似ているのであった。レピンの描いたトルストイの顔などはどうしても獅子の顔である。

そうしてみると吾々が人の顔を見る時に頭の中へ出来る像は決してユークリッド幾何学《きかがく》的のものではないと思われる。ただ或《あ》る、割合に少数な項目の、多数な錯列《パーミュテーション》によって色々の顔の印象が出来ている。その中に若干《じゃっかん》「相似」を決定するために主要な項目の組み合せがあってこれだけが具備すれば残りの排列などはどうでもいいのだろう。この主要の組み合せを分析するという事はかなり面白いしかし六ケしい問題だろうと思ったりした。渾天《こんてん》(15)に散布された星の位置を覚えるのに、星の間を適当に直線で連ねて色々の星座をこしらえる。それを一度覚えてしまえばいつ見てもそれだけの星が纏《まと》まって見えるし、これと大体に似た点の排列を見ればそれが実際にはかなりいびつになっていてもすぐにそれと認められる。吾々の顔に対する記憶もこれと似たものではあるまいか。星座の連結法はむしろ任意的だが顔の場合にはそれが必然的ですべての人間に共通であるとすればこれも一つの不思議な問題になる。

　色々の「学」と名のつく学問、殊《こと》に精神的方面に関したもので、事物の真を探究するとは云うものの、よく考えてみると物の本来の面目はやはり分らないで、つまりは一種の人相書か鳥羽絵を描いている場合も多いように思われるが、そのような不完全な「像」が非常に人間に役に立って今日の文明を築き上げたと思うと妙な気持がする。ただ甲乙二人の描いた人相書がちがう場合に何方《どちら》も自分の描いた方が「正しい」と云って主張するのはいいとしても、おしまいには苦々しい喧嘩《けんか》になるのはどんなものだろう。物理学では相対原理の認められた世の中であるのに。

横顔はとにかく中止として今度はスケッチ板へ一気呵成《いっきかせい》に正面像をやってみる事にした。二十日間苦しんだ後だから少し気を変えてみたいと思ったのである。今度は似ようが似まいがどうでもいいというくらいの心持で放胆《ほうたん》にやり始めてただ二日で顔だけはものにしてしまった。ところが却ってこの方が一番顔が生きていてそして一番芸術的に見えた。その上これが今までのうちで最もよく似ているという者もあった。なんだかあまりあっけなくて、前の絵にいつまでもかじりついていたのが馬鹿馬鹿《ばかばか》しいような気がしたが、実はやはり前の絵で得た経験の効果がこのスケッチに現われたかもしれない。

第一号から最後の五号までをならべてみると、随分色々な顔である。そしていずれも偶然の産物である。この偶然の行列の中から必然をつかまえるのは容易な事ではないと思った。すべてに共通なのは眼が二つあるとかいうような抽象的な点ばかりかもしれない。尤も顔自身の日々の相が偶然のものではあろうが。

毎日変っている顔の歴史を順々に手繰《たぐ》って行けば赤ん坊の時まで一つの「連続《コンチニウム》」を作って

いるが、これを間断なく見守っていない他人に向かって子供の時の顔と今の顔とを切り離して見せてそれが同人だという事を科学的論理的に証明しようとしたら随分困難な事だろう。何十年来一つ家に暮した親にでも、自分がある夜中に突然入れ換ったものでないという事を「証明」しなければならないとしたら困るだろう。第一自分自身にさえ子供の時と今との連鎖を完全に握っている人はありそうもない。こんな「証明」の必要はめったに起らないから安心しているだけである。しかし例えば生れたばかりで別れて三年後に逢った自分の子供を厳密な意味で確認し得る人があるだろうか。仕合せな事には世の中では論理的の証明はわりに要求されないで、オーソリティの証言が代用され、そのおかげで物事が渋滞なく進捗《しんちょく》するのであろう。

自画像を描きながら思うように描けない苦しまぎれに、随分いろんな事を考えたものである。それをもう一遍復習するような積りで書いてみると随分下らない事を考えたものだと思う事もあるが、また中にはもう少し深く立ち入って考えてみたいと思う事もないではない。

（一九二〇年　四十二歳）

蓄音機

エジソンの蓄音機の発明が登録されたのは一八七七年でちょうど西南戦争の年であった。太平洋を距《へだ》てて起ったこの二つの出来事には何の関係もないようなものの、我邦《わがくに》の文化発達の歴史を西洋のと引合せてみる時の一つの目標にはなる。のみならず少なくとも私にはこの偶然の合致《がっち》が何事かを暗示する象徴のようにも思われる。

エジソンの最初の蓄音機は、音のために生じた膜の振動を、円筒の上に螺旋形《らせんけい》に刻んだ溝に張り渡した錫箔《すずはく》の上に印するもので、今から見ればきわめて不完全なものであった。ある母音や子音は明瞭に出ても、例えばＳの音などはどうしても再現が出来なかったそうである。その後にサムナー・テーンター[1]やグラハム・ベル[2]等の研究によって錫箔の代りに蠟管《ろうかん》を使うようになり、さらにベルリナー[3]の発明などがあって今日のグラモフォーンすなわち平円盤《ひらえんばん》蓄音機が出来、今ではこれが世界の隅々まで行き渡っている。もし誰か極端に蓄音機の嫌いな人があってこの器械の音の聞えない国を捜して歩くとしたら、その人はきっと苦々しい幻滅を幾度となく繰返した揚句にすごすご故郷に帰って来るだろうと思われる。

蓄音機の改良進歩の歴史も面白くない事はないが、私にとっては私自身と蓄音機との交渉の歴史の方がより多く痛切で忘れ難いものである。

西南戦争に出征《しゅっせい》していた父が戦乱平定の後《のち》家に帰ったその年の暮に私が生れた。その私が中学校の三年生か四年生の時であったからともかくも蓄音機が発明されてから十六、七年後の話である。ある日の朝K市の中学校の掲示場の前に大勢の生徒が集まって掲示板に現れた意外な告知を読んで若い小さな好奇心を動揺させていた。今度文学士何某《なにがし》という人が蓄音機を携《たずさ》えて来県し、今日午後講堂でその実験と説明をするから生徒一同集合せよというのであった。これはたしかに単調で重苦しい学校の空気を掻き乱して、どこかの隙間から新鮮な風が不時《ふじ》に吹き込んで来たようなものであった。生徒の喜んだことはいうまでもない。面白いものが見られ聞かれてその上に午後の課業が休みになるのだから、文学士と蓄音機との調和不調和などを考える暇《いとま》はないくらい喜んだに相違ない。その時歓声をあげた生徒の中に無論私も交じっていた。

校長の紹介で講壇に立った文学士は堂々たる風采《ふうさい》をしていた。頭はいが栗であったが、その代りに立派な漆黒なあごひげは教頭のそれよりも立派であった。大きな近眼鏡の中からは智慧《ちえ》のありそうな黒い眼が光っていた。引きしまった清爽《せいそう》な背広服もすべての先生達のよりも立派に見えた。

先《ま》ず器械の歴史から、その原理構造などを明快に説明した後にいよいよ実験にとりかかった時には異常な緊張が講堂全体に充満していた訳である。いよいよ蠟管に声を吹込む段となって、文学士は吹込み喇叭《らっぱ》をその美髯《びぜん》(4)の間に見える紅い唇に押し当てて器械の制動機をゆるめた。そうして驚くような大きな声で「ターカイヤーマーカーラア、」と歌い出した。

私はその瞬間に経験した不思議な感じを三十年後の今日でもありありとそのままに呼び返すことが出来るように思う。その奇妙な感じを完全に分析して説明する事は到底《とうてい》不可能であるが、種々雑多な因子の中にはもちろん緊張の弛緩《しかん》から来る純粋な笑いもあった。そこここに実際クスクス笑い出した不謹慎な人もあったようであった。しかしそれは必ずしも文学士その人に向けられた笑いばかりではおそらくなかったろうと思われる。この講堂建設以来この壇上で発せられた人間の声の中で、これくらい珍しいものはなかったに相違ない。忠君愛国仁義礼智などと直接なんらの交渉をも持たない「瓜《うり》や茄子《なすび》の花盛り」が高唱され、その終りにはあの全く無意味でそして最も平民的な囃《はや》しのリフレインが朗々と附加えられたのである。私はその時何という事なしに矛盾不調和を感ずる一方では、またつめたい薄暗い岩室《いわむろ》の中にそよそよと一陣の春風が吹き、一道の日光がさし込んだような心持もあった事を自白しなければならない。

　吹込みが終った文学士は額の汗を押し拭いながらその装置を取り外して、さらに発声用の振動膜と喇叭を取りつけた。器械が動き出すと共に今の歌がそろそろ出て来た。それは妙に押しつぶされたような鼻声ではあったが、ともかくも文学士の特徴ある「ラア、」などの抑揚《よくよう》をかなり忠実に再現したので、講堂の中からは自然な感嘆の声と抑えつけた笑い声とが一時に沸きあがった。

　この一日の出来事はどういうものか私の中学時代の思い出の中に目立って抜き出た目標の一つになっている。一つにはこの泰西《たいせい》(5)科学の進歩が齎《もたら》した驚異の実験が、私の子供の時から芽を出しかけていた科学一般に対する愛着の心に強い衝動を与えたためであろうが、その外《ほか》にまだ何かしらある啓示を与えたものがあるためではないかと思っている。私は今でも事にふれてこの文学士の「高い山から」を思い出す。あの時にあの罪のない俚謡《りよう》(6)から流れ出た自由な明るい心持は三十年後の今日まで消えずに残っていて、行きづまりがちな私の心に有益な転機を与え、しゃちこ張りたがる気分にゆとりを与える。これはおそらく私の長い学校生活の間に受けた最も有難い教えの中の一つではなかったかと思う。業に疲れ生に倦《う》んだ時に私は色々の形式で色々の「高い山」を唱う。そうして新しい勇気と希望を呼び返すのである。

私にはかなり重大な、しかし他人にはおそらく下らなく些細《ささい》なこの経験を世の教育家達に捧げて何かの参考にしてもらいたいと思っている。

エジソンの発明から十数年の後に、初めて東洋の田舎《いなか》の小都会に最新の驚異として迎えられた蓄音機も、いつとはなしに田舎でもあまり珍しいものではなくなってしまった。日曜ごとにK市の本町通りで開かれる市にいつもきまって出現した、玩具や駄菓子を並べた露店、莚《むしろ》の上に鶏卵《けいらん》や牡丹餅《ぼたもち》や虎杖《いたどり》(7)や甘蔗《さとうきび》等を並べた農婦の売店などの中に交じって蓄音機屋の店が自ずからな異彩を放っていた。

器械から出る音のエネルギーがいたずらに空中に飛散して銭を払わない往来の人に聞える事のないように、銭を払った花客《かかく》だけによく聞えるために幾対《つい》かの護謨管《ゴムかん》で分配されるようになっていた。耳に挿《さ》した管を両手で抑えて首を垂れて熱心に聞いている花客を見下ろすようにして、口の内で器械の音曲を囁《ささや》いている主人は狐《きつね》の毛皮の帽子を被ったりしていた。彼はともかくも周囲のあらゆる露店の主人に比べては一頭地を抜いた文明の宣伝者ででもあるように思われた。

私は大道の蓄音機を聞いてみたいという希望をかなり強くもっていたにかかわらず、とうとう一度も聞く事が出来なかった。私の知っている範囲の友達や市民でこの蓄音機の管を耳に挿《はさ》んでいるのを見かけた事もなかった。聞いているのはほとんど皆田舎の田舎から出て来たらしい最も文明と縁の遠い人達であった。

大道で蓄音機を聞くという事が大して悪い事とは思われない。林檎《りんご》を噛《かじ》りながら街頭をあるくよりも、環視《かんし》の中でメリーゴーラウンドに乗るよりもむしろいい事かもしれないのに、何かしらそれを引止める心理作用があって私の勇気を沮喪《そそう》させるのであった。そのためにこの文明の利器に親炙《しんしゃ》する（8）好機会を見す見す取り逃しつつ、そんなこだわりなしに面白そうに聞いている田舎の人達を羨まなければならなかった。このような「薄志弱行《はくしじゃっこう》」はいつまでも私の生涯に附纏《つきまと》って絶えず私に「損」をさせている。

大道蓄音機が文化の福音《ふくいん》を片田舎に拡めた事は疑いもないが、同時にあの耳に挿む管の端が耳の病気を伝播《でんぱ》させはしなかったかと心配する。今ならばフォルマリンか何かで消毒するだろうが、あの頃そういう衛生上の注意が行き届いていたかどうか疑わしい。しかし今日でも文化の輸入伝播に附いて来る種々な害毒がかなり激烈で、しかもそれを防ぐ事が出来ないのであるから、耳の病気くらいは已《や》むを得ない事であったかもしれない。

改良を加えた蠟管蓄音機を聞き損なった私は、音色の再現がどのくらいまで完全に行ったかを経験する事が出来なかった。しかしかなりまで完成に近づいていたには相違ない。種々な楽器の音や特に昔から問題となっている人声母音の組成要素を分析し研究するに適当な材料としてこの蠟管記録が種々に利用された。蠟管に刻まれた微細《びさい》な凹凸《おうとつ》を巧妙な仕掛けで廓大《かくだい》した曲線を調和分析にかけて組成因子の間の関係を調べたりして声音学上の知識に貢献した事も少なくない。この種の研究は平円盤の発明によって非常な進捗《しんちょく》を遂げた事はいうまでもない。蠟管記録の寿命はせいぜい千回くらいであるのに平円盤の原型の寿命はほとんど永久であると云ってもよい。それで例えば現在のある国語の発音を記録しておいて百年千年万年の後のものと比較してその変遷を調べる事も出来るので、実際そういう目的で保存されている記録がウィンナにあると聞いている。

平円盤によって行われた声音学上の実験的研究も沢山にあって、今でも続いて熱心な学者がこれを追究している。カルソー[9]の母音の中の微妙な変化やテトラッチニ[10]の極度の高音やが分析の俎板《まないた》に載せられている。それにもかかわらず母音の組成に関する秘密はまだ完全に明らかにはならない。ヘルムホルツ、ヘルマン以来の論争はまだ解決したとは云われないようである。このような方面にはまだ沢山の探究すべき問題が残っている。ことに日本人にとっては日本語の母音や子音の組成、また特有な音色をもった三味線や尺八の音の特異な因子を研究するのはずいぶん興味のある事に相違ない。私はこの種の研究が早晩日本の学者の手で遂行《すいこう》される事を望んでいる。

私が初めて平円盤蓄音機に出会ったのは、瀬戸内海通《がよ》いの汽船の客室であったように記憶する。その後大学生時代に神戸と郷里との間を往復する汽船の中でいつも粗悪な平円盤レコードの音に悩まされた印象がかなり強く残っている。船に意気地《いくじ》がなくて、胸に込み上げる不快の感覚をわずかに抑えつけて少時《しばらく》の眠りを求めようとしている耳元に、あの劣悪《れつあく》なレコードの発する奇怪な音響と騒がしい旋律とはかなりに迷惑なものの一つである。それが食堂で夜更《よふけ》まで長時間続いていた傍若無人《ぼうじゃくぶじん》の高談《たかばな》しがようやく少し静まりかける頃に始まるのが通例であった。浪《なみ》が荒れて動揺のすさまじい時だけはさすがにこの音も聞えなかったが、そういう時にはまた船暈《ふなよい》の苦悩がさらに甚《はなは》だしかった。

汽船会社は無論乗客の無聊《ぶりょう》(11)を慰めるために蓄音機を備えてあるので、また事実上多数の乗客は会社の親切を十分に享楽しているでもあろうが、これがために少数の「除外例」が受ける迷惑も少しは考慮の中に加えてもらいたいと思った事も幾度あったか判らない。

このような不平を起すのが間違っているという事は、その後だんだんに少しずつ判って来た。

汽船の夜の蓄音機はこの頃どうなったか知らないが、これに代るべきさらに強烈なものは今の世上にあまりに多い。いつまでもこのような不平を超越しないでいては自分のような弱い神経をもったものは生存そのものが危うくなるであろう。

汽船の外でも西洋小間物屋の店先や、居酒屋の縄暖簾《なわのれん》の奥から聞えて来るのを通りすがりに聞かない事はなかった。そういうのは大概《たいがい》「金の逃げ出す音」の種類に属するものであった。しかしそれは此方《こっち》で逃げさえすれば追っかけて来ないから始末がよかった。

蓄音機の喇叭というものも私にはあまり気持のいいものではなかった。器械全体の大きさに対してなんとなく均衡《きんこう》を失して醜《みにく》い不安な外観を呈《てい》するものである。一寸法師が厖大《ぼうだい》なメガフォーンを差しあげてどなっているような感じがある。これが菊咲きの朝顔のように彩色されたのなどになるといっそう恐ろしい物に見えるのである。

グラモフォーンに対する私の妙な反感が幾らか柔らげられるような機会が来たのは私が三十二の年にドイツへ行っていた時の事である。かの地の大使館員でMという人と知り合になったがその人が喇叭のない、小さな戸棚のような形をした上等の蓄音機をもっていた。そしてかの地で聞く機会の多いオペラのアリアや各種器楽のレコードを集めて、それを研究し修練して侘《わび》しい独居の下宿生活を慰めていた。その人のところで私はいい蓄音機のいいレコードがそれほど恐ろしいものではないという事を初めて知った。しかしそれにしても当時耳にする機会の多かった本物の音楽に比べては到底比較にならない物足りないものだという気がした。曲の構想や旋律を研究し記憶して、次に本物を聞くための準備をするには非常に重宝なものであるとは気が付いたが、これを純粋な芸術的享楽の目的物とする気にはどうもなれなかった。

それで蓄音機と私との交渉はそれきりになってさらに十年の歳月が流れた。

ある年の十月に私は妻を失った。やがて襲って来た冬は佗しいわが家をさらに佗しいものにした。大勢の子供をかかえて家内中の世話をやく心忙《せわ》しい淋しさのうちに年が暮れて正月になった。年頭の儀式は廃しても春はどこやら春らしくて、突きつまったような心にもいくらかのゆとりが出来た。三ケ日《さんがにち》過ぎたある日親類へ行ったら座敷《ざしき》に蓄音機が出ていた。正月の客あしらいかたがたどこからか借りて来たので、私が来たら聞かせようと云って待っていたとの事であった。そこで御伽《おとぎ》歌劇「ドンブラコ」というのを聞かされた。

この器械はいわゆる無喇叭の小形のもので、音が弱くて騒がしい事はなかったが、音色の再現という点からはあまり完全とは思われず、それに何かものを摩擦《まさつ》するような雑音がかなり混じていて耳障《みみざわ》りであった。それにもかかわらず私の心はその時不思議にこのお伽歌劇の音楽に引き込まれて行った。十分には聞きとり兼ねる歌詞はどうであっても、唱《うた》う人の巧拙《こうせつ》はどうであってもそんな事に構わず私の胸の中には美しい「子供の世界」の幻像が描かれた。聞いているうちに何という事なしに、ひとりで涙が出て来た。永い間自分の眼の奥に固く凍りついていたものが初めて解けて流れ出るような気がした。

聞きながら私は、うちでも一つ蓄音機を買ってやろうと思い付いた。そして寒い雨の日に銀座へ出かけて器械と「ドンブラコ」のレコードを求めて来た。子供等の喜びは一通りでなかった。品物の届く時刻を待ちかねて門の外へ幾度か見に出たりした。

その夜のわが家はいつになく賑《にぎ》わった。何となしに子供の心を押しつけていた暗い影が少なくともこの夜はどこかへ行ってしまったような気がした。疲れて快く眠る子供の顔を見比べながら雨戸にしぶく雨の音を聞いているうちにいつの間にか説明の出来ない涙が流れた。

当分の間は毎日子供から蓄音機を蓄音機をと迫られた。子供等はもうすっかり歌詞や旋律を覚えてしまって、朝起きると床《とこ》の中からあちらでもこちらでもそれを唱っているのであった。

小学生のよく唱うような唱歌のレコードも買って来たが、それらはとても聞かれない妙な不愉快なものであった。ああいう歌でもちゃんとした声楽家の唱ったのならきっと面白いだろうと思われるが、普通のレコードのように妙な癖のあるませた子供の唱歌は私にはどうも聞き苦しい。そうかと云って邦楽の大部分や俗曲の類は子供等にあまり親しませたくなし、落語などというのは隣でやっているのを聞くだけでも私は頭が痛くなるようであった。それで結局私のレコード箱にはヴィクターの譜が大部分を占めるようになった。

妙なもので、初めのうちは「牛若丸」や「兎《うさぎ》と亀《かめ》」などを喜んだ子供等も、じきに、そういうものよりは、やはりあちらの名高い曲のいいレコードを喜ぶようになった。今日は「アンヴィルコーラス」をやれとか、カルソーの「アヴェマリア」をやれとか色々の註文《ちゅうもん》を持出すようになった。

普通の和製のレコードとヴィクターのと見比べて著《いちじる》しく目につく事は盤の表面のきめの粗密

である。その差はことに音波の刻まれた部分に著しい。適当な傾きに光を反射させて見た時に一方のはなんとなくがさがさした感じを与えるが、一方は油でも含んだような柔らかい光沢を帯びている。これは刻まれた線の深さにもよる事ではあろうが、ともかくもレコードの発する雑音の多少がこの光沢の相違と密接な関係のある事は疑いもない事である。これは材料その物の性質にもよりまた表面の仕上げの方法にも依るだろうが、少しの研究と苦心によって少なくも外国製に劣らぬくらいには出来そうなものであるのに、それが出来ていないのはどういう理由によるものか、門外漢《もんがいかん》には分り兼ねる。しかし私の知れる範囲内では、蓄音機レコードの製造工場へ聘《へい》せられて専心その改良に没頭している理学士は一人もないようである。もっともこれは別に蓄音機のみに関した事ではない。当然専門の理学士によってのみ初めて出来得べき器械類が、そういう人の手によらずしてともかくも造られているという奇蹟《きせき》的事実は到るところに見受けられる事であるから。

いずれにしても今の蓄音機はまだ完全なものとは思われない。誰にでもいちばんに邪魔《じゃま》になるのはあのささらでこするような、またフライ鍋《なべ》のたぎるような雑音である。あれを防ぐ目的で振動膜から発する音を長さ二十余尺あるいは四十余尺の幾度も折れ曲った管の中を通過させて試験した人もある。そうすれば雑音の短い音波はかなり消却《しょうきゃく》されるがその代り音が弱くなるのは免《まぬか》れ難いし、また同時に肝心の楽音の音色にも幾分かの変化を起すのは已むを得ないようである。その外に驢馬《ろば》の耳の形をした喇叭を使った人もあるが、どれだけ有効であるかよく分らない。しかしこの雑音は送音管部のみならず盤や針や振動膜やすべての部分の研究改良によって除去し得ないほどの困難とは思われない。早晩そういう改良が外国のどこかで行われるだろうと予期される。

もう一つの蓄音機の欠点は、レコードの長さに制限があって長い曲が途中で中断せられる事である。この中絶をなくするために二台の器械を連結してレコードの切れ目で一方から他方へ切りかえる仕掛けが我邦の学者によって発明されたそうであるが、一般の人にはこの中断がそれほど苦にならないと見えて、まだ市場にそういう器械が現れた事を聞かない。

音波によって起された電流の変化を、電磁石《でんじしゃく》によって鋼鉄の針金の附磁《マグネチゼーション》の変化に翻訳《ほんやく》して記録し、随時にそれを音として再現する装置も既《すで》に発明されて、現に我邦にも一台くらいは来ているはずである。これならば任意に長い記録を作る事も理論上可能な訳であるが、何と云っても、電気装置などを使わずに弾条《ばね》と歯車だけで働くグラモフォンの軽便なのには及ばない訳である。

私の和製の蓄音機は二年くらい使った後に歯車の故障が起って使用に堪《た》えないものになってしまった。近所の時計屋などではどうしても直し切れなかった。もと買った店へ電話で掛け合ったら、取りには行かれないが持って来れば修繕してもいいという返事であった。買う時には店員まで附き添って雨の降る中を届けて来たのに、それでは少しおかしいとは思ったがどうにもならなかった。しかし遥々《はるばる》持って行くのがおっくうなので永い間納戸《なんど》の隅に押込んだままになっていた。子供もおしまいにはあきらめて蓄音機の事は忘れてしまったようであった。

ある日K君のうちへ遊びに行ったらヴィクトロラの上等のが求めてあって、それで種々のいいレコードを聞かされた。レコードは同じのでも器械がいいとまるで別物のように感じられた。今までうちで粗末な器械でやっていたのはレコードに対する虐待《ぎやくたい》であった事に気がついた。うちの器械で鋼鉄の針でやる時にあまりに耳立ち過ぎて不愉快であったピッコロのような高音管楽器の音が、いい器械で竹針を用いれば適当に柔らげられ、一方ではまた低音の絃楽器の音などがよほど正常の音色を出す事を知った。

年の暮に余分な銭のあったのをヴィクトロラの中でいちばん安いのにかえて針も三角の竹針を用いる事にした。同じレコードの中から今まで聞かれなかった色々の微細な音色のニュアンスなどが聞き分けられるのが不思議なくらいであった。誤魔化《ごまか》しの八百倍の顕微鏡《けんびきょう》で覗いたものをツァイスのでのぞいて見るような心持がした。精妙ないいものの中から、そのいいところを取り出すにはやはりそれに応ずるだけの精微な仕掛けが必要であると思った。優れた頭の能力をもった人間に牛馬のする仕事を課していたような、済まない事をしていたというような気がするのであった。

鉄針と竹針とによる音色の相違はおそらく針自身の固有振動にも関係するだろうしまた接触点の弾性にも依《よ》るだろうが、これらの点を徹底的に研究すれば今後の改良に関する有益なヒントを得られるだろうと思われる。

いずれにしてもまだ現在の蓄音機は不完全と云われても仕方のない状態にある。三色写真が絵画の複製術として物足りないごとく、蓄音機は名曲の優れた演奏の再現器として物足りないものである。それだから蓄音機は潔癖《けっぺき》な音楽家から軽視されあるいは嫌忌されるのも已むを得ない事かもしれない。私はそういう音楽家の潔癖を尊重するものではあるが、それと同時に一般の音楽愛好者が蓄音機を享楽する事を咎《とが》めてはならないと思うものである。

蓄音機でいい音楽を聞くのと、三色版で名画を見るのとはちょっと考えると似ているようで実は少し違ったところがあると思う。私の考えでは、三色版が色彩に対しても不忠実であるのみならず、画面の微妙な光沢や組織に対し全然再現能力のないのに反して、良い蓄音機では音色や強弱の機微な差別が相応に現れ、そして最も重要な要素と考えられる時間関係がかなり厳密に再現される。そういう点で蓄音機の方がある意味で三色版より進んでいるとも云われる。ただ困る事には今の蓄音機に避《さ》くべからざる雑音の混入が、あたかも三色版の面に汚いしみの散点したと同様であるようにも思われる。しかし人間の耳には不思議な特長があって、眼の場合には望まれない選択作用が行われる。すなわち雑多な音の中から自分の欲する音だけを抽《ちゅう》出《しゅつ》して聞き分ける能力を耳はもっている。音楽家が演奏をしている時に風や雨の音、時には自分の打っている鍵盤《キー》の不完全な槓杆《てこ》の軋《きし》る音ですらも、心がそれに向いていなければ耳には響いても頭には通じない。この驚くべき聴感の能力のおかげで、われわれは喧騒《けんそう》の中に会話を取りかわす事が出来、管絃楽の中からセロやクラリネットや任意の楽器の音を拾い出す事が出来る。

これに反して眼の方では白色の中から赤や緑を抜き出す事が不可能であり、画面から汚点を除却して視《み》る事はどうしても出来ない。

このような本質的の区別がありはするが、蓄音機のあまりにはなはだしい雑音はやはり耳障りには相違ない。しかし一つの曲に修熟《しゆうじゆく》してその和音や旋律を記憶して後にそのレコードの音を専心に追跡しあるいは先導して行く場合にはかなりの程度までこの選択が出来るように思われる。これは修練によって誰でも自然に出来るだろうと思われるが、かつてある学者の試みたように蓄音機から出る音を壁にかけた反射鏡から一度反射させて聞けば、あたかも隣室の音楽を聞いているような心持がするので器械の雑音の気になる事がさらによく防がれるだろうと思う。

もう一つ音楽家にとって不満足であろうと思うのは、たとえ音色がよく再現出来ていると云ったところで、これを本当の楽器に比べればどうしても幾分の差違のある事は免れ難い事である。色々な音の相対的の関係はかなりによく行っていても、全体にかぶさっている濁《にご》りあるいは曇《くも》りのようなものがあってそれが気になるだろうと思われる。しかしこれは例えば同一の絵を少し暗い室で見るとか、あるいは少し色のついた光の下で見るとよく似た事であって、正常の光で見た時の印象が確実に残っていない人にとってはその区別は全然認識されない。もしそうでなかったら曇り日に見たセザンヌと晴天に見たセザンヌは別物に見えなければならない訳である。同じような訳で八畳の日本室で聞くヴァイオリンと、広い演奏室で聞く同じ弾手《ひきて》の同じヴァイオリンとも別物でなければならない。

不完全なる蓄音機から本物の音楽を聞き出そうとする人にとってもう一つの助けになるのは人間心理の特徴として知られた補足作用である。自分の文章の校正刷を見る時に顕著な誤植を平気で読み過すと同じような誤謬《ごびゅう》が、不完全なレコードを完全に聞かせるに役立つ場合も可能である。

畢竟《ひっきょう》蓄音機を嫌いなものとするか、面白いものとするかは聞く人の心の置き方でずいぶん広い範囲内でどうにもなるものだろうと思う。これは絶対的善美なものの得られない現世であらゆるものの価値判断に関係して当《あ》て嵌《はま》る普遍的方則ではあるまいか。それで私は蓄音機を嫌う音楽家のピュリタニズム[12]を尊敬すると同時に蓄音機を愛好する素人を軽視する事はどうしても出来ない。

蓄音機が完成に近づくに従って生ずる新しい利用方面が色々に考えられる中にも、従来既に行われているような音楽や演説の保存運搬、外国語の発音の教授などは別として、例えば学校の講義のあるものを悉皆《しっかい》[13]蓄音機ですませる事は出来ないかという問題が起る。

学校の講義と云っても色々の種類があるが、その内にはただ教師が懐手《ふところで》[14]をしていて、毎学年全く同じ事を陳述《ちんじゅつ》するだけで済むものもある。そういうのは蓄音機でも代用されはしないかという問題が起る。それからまた黒板に文字や絵をかいたりして説明する必要のある講義でも、もし蓄音機と活動写真との連結が早晩もう少し完成すれば、それで代理をさせれば教師は宅《うち》で寝ているかあるいは研究室で勉強していてもいい事になりはしまいか、それでも結構なようでもあるがまたそうではなさそうでもある。こういう仮想的の問題を考えてみた時にわれわれは教育というものの根本義に触れるように思う。

私は蓄音機や活動写真器械で置換え得られるような講義は本当の意味の教育的価値のないものだろうと思っている。もし講義の内容が抜目《ぬけめ》なく系統的に正確な知識を与えさえすればいいとならば、何も器械の助けを借るまでもなくその教師の書いた原稿のプリントなり筆記なりを生徒に与えて読ませれば済む場合もある訳である。甲《こう》の講義を乙《おつ》が述べてもそれで沢山な訳である。

しかし多くの人が自らその学校生活の経験を振返ってみた時に、思い出に浮んで来る数々の旧師から得た本当に有難《ありがた》い貴い教えといったようなものを拾い出してみれば、それは決して書物や筆記帳に残っている文字や図形のようなものではなくて、到底蓄音機などでは再現する事の出来ない機微なあるものである事に気が付くだろう。

これはおそらく誰でも知っている事であろうが、あまりに教育というものを系統的科学的従って機械的な研究の対象とする場合に動《やや》もすれば忘られがちな事である。一度これを忘れればすべての教育は蓄音機や活動写真で代用する事が出来るようになると同時に、教育の効果はその場限りの知識の商品切手のようなものになる。生徒の生涯を貫《つらぬ》いてその魂を導き引立てるような貴い有難い影響はどこにもなくなるだろう。

十年一日のごとき講義をするといってよく教師を非難する人が往々ある。しかしそれだけの事実では教師の教師たる価値は論ぜられないと思う。講義の内容の外見上の変化が少なくともその講義の中に流れ出る教師の生きた「人」が生徒に働きかけてその学問に対する興味や熱を鼓吹《こすい》する力が年と共に加わるという場合もあるかもしれない。これに反して年々に新しく書き改め新事実や新学説を追加しても、教師自身が、漸次《ぜんじ》に後退しつつある場合も考えられない事はない。この二つの場合のどちらが蓄音機のレコードに適するかを一般的概念的に論断するのは困難ではあるまいか。

蓄音機が完成した暁《あかつき》に望み得られることのうちで私が好ましいと思う一つのものは、あらゆる「自然の音」のレコードである。例えば山里の夜明けに聞えるような鶏犬の声に和する谷川の音、あるいは浜辺の夕闇に響く波の音の絶間をつなぐ欸乃《ふなうた》の声、そういう種類のものの忠実なるレコードが出来たとすれば、塵《ちり》の都に住んで雑事に忙殺されているような人が僅少《きんしょう》な時間を割《さ》いて心を無垢《むく》な自然の境地に遊ばせる事も出来ようし、永い月日を病床に呻吟《しんぎん》する不幸な人々の神経を有害に刺戟《しげき》する事なしに無聊を慰め精神的の治療に資する事も出来はしまいか。こういう種類のレコードこそあらゆるレコードの中で最も無害で有益でそして最も深い内容をもったものではあるまいか。もしそういうものが出来たら、私はそれをあらゆる階級の人にすすめたい。為政家《いせいか》が一国の政治を考究する時、社会経済学者がその学説を組立てる時、教育者がその教案を作製する時、忘れずに少時《しばし》このレコードの音に耳を傾けてもらいたい。あらゆる心と肉の労働者もその労働の余暇《よか》にこれらの「自然の音」に親しんでもらいたい。そういう些細な事でもその効果は思いの外に大きいものになる事がありはしまいか。少なくもそれによって今の世の中がもう少し美しい平和なものになりはしまいか。

蓄音機に限らずあらゆる文明の利器は人間の便利を目的として作られたものらしい。しかし便利と幸福とは必ずしも同義ではない。私は将来いつかは文明の利器が便利よりはむしろ人類の精神的幸福を第一の目的として発明され改良される時機が到着する事を望み且《か》つ信ずる。その手始めとして恰好《かっこう》なものの一つは蓄音機であろう。
もしこの私の空想が到底実現される見込がないという事にきまれば私は失望する。同時に人類は永遠に幸福の期待を棄《す》てて再びよぎる事なき門をくぐる事になる。

（一九二二年　四十四歳）

線香花火

1〔ラルゴ〕音楽の速度用語で、「ゆるやかに」。**2**〔アンダンテ〕音楽の速度用語で、「歩くくらいの速さで」。**3**〔アレグロ〕音楽の速度用語で、「速い速度で、軽快に」。**4**〔プレスティシモ〕音楽の速度用語で、「極めて速く」。**5**〔デクレスセンド〕音楽の強弱用語で、「だんだん弱く」。**6**〔序破急〕音楽、舞踊などの三つの区分。能や人形浄瑠璃では、序は導入部、破は展開部、急は終結部。楽曲の速度では、序はゆっくり、破は中間、急は速く。演出上は、序はすらすらと、破は変化に富ませ、急は短く躍動的に演じる。**7**〔精粋〕選び抜かれたすぐれたもの。

科学者とあたま

1〔朴念仁〕無口で愛想のない人。頑固でものわかりの悪い人。**2**〔ウパニシャド〕インド古代の宗教哲学書の総称。

宇宙線

1〔電離〕中性の原子や分子が電気を帯びた原子や原子団（イオン）に分かれること。イオン化。**2**〔擾乱〕秩序をかき乱すこと。**3**〔錯列〕入れまぜて配列すること。組合せ。**4**〔スペルマトゾーン〕精子。**5**〔秋毫も〕いささかも。すこしも。

「手首」の問題

1〔フォルテ〕音楽の強弱用語で、「強く」。**2**〔イザイ〕ウジェーヌ＝オーギュスト・イザイ（一八五八―一九三一）。ベルギーのバイオリン奏者・作曲家。**3**〔グローブ〕レフティ・グローブ。一九二〇～三〇年代に活躍したメジャーリーガー。投手。その速球は、速すぎて煙のように見えないため「スモークボール」と呼ばれた。**4**〔かいくる〕たぐりよせる。**5**〔アルペジオ〕和音を分散して、一音一音発音させる奏法。**6**［蒼生］多くの人々。国民。庶民。**7**［流露］気持ちなどが外にあらわれ出ること。発露。**8**［和絃］和音。**9**［シンセシス］統合。合成。

化物の進化

1［正嫡子］正妻の生んだ子。**2**［シンプソンとウィルソン］ジョージ・クラーク・シンプソン（一八七八―一九六五）はイギリスの気象学者。チャールズ・トムソン・リーズ・ウィルソン（一八六九―一九五九）はスコットランドの物理学者。一九二八年、雷の発生について大論争があった。**3**［プロトーン］陽子。**4**［ヒドラ］ギリシア神話の九頭をもつ海蛇。**5**［ヴィシヌ］ヒンドゥー教三神の第二神。**6**［ポセイドン］ギリシア神話の海神。**7**［ガニミード］ギリシア神話に出てくる美少年、ガニュメデス。**8**［ガルダ］ヒンドゥー教の神。巨鳥で、蛇を食する。ヴィシヌ神を乗せる。**9**［酒顚童子］丹波国、大江山に住んでいたと伝わる鬼の姿をした盗賊。**10**［サイクロップス］「オデュッセイア」に出てくる一つ目の巨人。**11**［ヘラクレース］ギリシア神話の英雄。**12**［提馬風］歩いていた馬が、砂を巻いたつむじ風にまとわりつかれ、突然立ち上がっていななき、倒れて死んでしまうという奇談。**13**［緩徐］ゆるやかで静かなさま。**14**［火山毛］火山から噴出した溶岩滴がガラス質の毛髪状になったもの。**15**［ジュース］ギリシア神話の最高神。ゼウス。

烏瓜の花と蛾

1［吉野紙］もと大和国吉野地方産の、楮皮の繊維を精選し、薄く漉いた和紙。**2**［芳紀］女性の若く美しい年齢。**3**［烏合の衆］規律や統制なく、ただ寄り集まっただけの集団。**4**［目の子勘定］そろばんなどに頼らず、目でたしかめながら数えること。また、目で見ておおまかな見当をつけること。**5**［穀象］穀象虫。オサゾウムシ科の甲虫。頭部の先端が突出して象の鼻に似ている。**6**［ファナチシズム］狂信。**7**［真如の月］永久不変の真理によって迷いがはれることを、明月が闇を照らすのにたとえていう。**8**［ソロモン］イスラエルの王、ダヴィデの子。

津浪と人間

1［八重葎］雑草が繁茂しているくさむら。2［畢竟］結局。要するに。3［五風十雨］五日に一度風が吹き、十日に一度雨が降る意から、気候が順調なこと。

読書の今昔

1［円本］昭和の初め頃に出版された、一冊一円の叢書などの本。2［日下部四郎太博士］物理学者（一八七五―一九二四）。3［イスパハン］イランの町。4［ブル対プロ］ブルジョワ対プロレタリア。5［諸学須知］「初学須知」か。明治九（一八七六）年、文部省刊行の教科書。6［物理階梯］文部省の官員片山淳吉がアメリカ幼童用の物理入門書を翻案、書き下ろした物理学の教科書。明治五（一八七二）年刊行。7［パーレー万国史］アメリカの文筆家グッドリッチが、ピーター・パーレーという筆名で一八三八年に出版。世界各国の歴史が地図や絵とともに記されている。8［クワッケンボス文典］英文法の入門書。多数の版がある。9［矢野龍渓］政治家、小説家（一八五〇―一九三一）。10［宮崎湖処子］詩人、評論家、小説家（一八六四―一九二二）。11［松村介石］宗教家（一八五九―一九三九）。12［露伴、紅葉、美妙斎、水蔭、小波］幸田露伴、尾崎紅葉、山田美妙斎、江見水蔭、巌谷小波。13［エンチクロペディー］百科事典。14［モボ、モガ］モダン・ボーイ、モダン・ガールの略語。15［アリストファーネス］古代ギリシアの喜劇作者。16［六国史］日本書紀、続日本紀、日本後紀、続日本後紀、文徳実録、三代実録を指す。17［一炬］いっぺんに焼くこと。18［コロニー］入植地。

団栗

1［掛取り］掛け売りの代金をとりたてること。2［桂庵］雇い人、奉公人などの仲介業者。3［宿入り］住み込みの奉公人が休みをもらって親元に帰ること。藪入り。4［アリストートル］アリストテレス。古代ギリシアの哲学者。

物売りの声

1［バナール］凡庸な。陳腐な。2［辻占売り］街角で吉凶を占う紙片を売る人。**3**［脊梁山脈］ある地域の背骨に相当するような大山脈のことで、二つ以上の河川を分ける境界となる。**4**［疝気疝癪胸痞え］疝気は腰腹部の疼痛、疝癪は胸や腹のさしこみ、胸痞えは胸がしめつけられ、ふさがったようになること。**5**［枇杷葉湯］枇杷の葉に肉桂、甘草などを細かく切って煎じた飲み物。暑気あたりを防ぐとされる。**6**［定斎屋］売薬行商人。夏に一対の薬箱を天秤棒で担ぎ、薬箱の引き出しの金具の音を鳴らしながら売り歩いた。**7**［冷飯草履］緒も台もわらでできた粗末なわら草履。**8**［好事家］ものずきな人。**9**［アルキーヴス］公記録保管所。アーカイヴ。

涼味数題

1［カンテラ］油壺に灯油を入れ綿糸を芯に火を点じる携帯用照明具。**2**［陸軟風］陸から海へ向かって吹く風。**3**［羈絆］牛馬を綱でつなぎとめること。行動を束縛するもの。**4**［真諦］究極の真実。絶対不変の真理。

浅草紙

1［浅草紙］落とし紙（トイレットペーパー）などに使われていた安価な漉き返し紙。江戸時代に、浅草山谷辺から産出されたところからいう。**2**［状袋］手紙や書類を入れる紙の袋。封筒。**3**［帯紙］束ねるために巻く細長い紙。**4**［雲母］六角板状の結晶をなす珪酸塩鉱物。**5**［纏綿］からみつくこと。複雑に入り組んでいること。**6**［エマーソン］ラルフ・ワルド・エマーソン（一八〇三―八二）。アメリカの思想家・詩人。**7**［ラスキン］ジョン・ラスキン（一八一九―一九〇〇）イギリスの評論家。

自画像

1［左衽］衣服の襟を打あわせる際、左の襟を内側にして着ること。**2**［personal equation］読みとりなどで個人固有の誤差がでるので、それを経験的に調べておいて補正する方式をいう。**3**［上蔟期］十分発育した蚕を、繭をつくらせるために蔟に移し入れること。**4**［権衡］つりあい。**5**［長押］日本建築で、柱と柱とを繋ぐ水平材。**6**［漱石先生の「趣味の遺伝」」一九〇六年「帝国文学」に発表された、日露戦争の出征兵士を題材にした短編小説。**7**「ラフカディオ・ハーン」パトリック・ラフカディオ・ハーン（一八五〇―一九〇四）。ギリシア出身の日本研究家。一八九六年帰化して小泉八雲と名乗る。**8**「誤謬」あやまり。まちがい。**9**「セザンヌ」ポール・セザンヌ（一八三九―一九〇六）。フランスの画家。**10**「カリカチュア」戯画。風刺画。**11**「パリサイ」キリスト時代のユダヤ教の一派。律法の厳格な遵守を主張。語義は「分離する者」。**12**「ロベスピール」マクシミリアン・フランソワ・マリー・イジドール・ド・ロベスピエール（一七五八―九四）。フランス革命期の政治家、革命指導者。**13**「プロバビリティ」確率。**14**「鳥羽絵」江戸時代の戯画で、日常生活を題材にした墨書きの滑稽な絵。**15**「渾天」円形の天。

蓄音機

1「サムナー・テーンター」アメリカの発明家。**2**「グラハム・ベル」スコットランド生まれの科学者、発明家（一八四七―一九二二）。電話の発明で知られている。**3**「ベルリナー」エミール・ベルリナー（一八五一―一九二九）。ドイツ出身、アメリカの発明家。**4**「美髯」美しく立派なほおひげ。**5**「泰西」西洋諸国。**6**「俚謡」民間のはやりうた。さとうた。民謡。**7**「虎杖」タデ科の多年草。天日乾燥させた根は、利尿、健胃剤などの民間薬とされる。**8**「親炙」親しく接して、感化を受けること。**9**「カルソー」エンリコ・カルソー（一八七三―一九二一）。イタリアのテノール歌手。**10**「テトラッチニ」ルイーザ・テトラッチニ（一八七一―一九四〇）。イタリアのソプラノ歌手。**11**「無聊」退屈。**12**「ピュリタニズム」純粋主義。厳格主義。**13**「悉皆」すべて。すっかり。残らず。**14**「懐手」人にまかせて自分では何もしないこと。

寺田寅彦

てらだ・とらひこ（一八七八〜一九三五）
物理学者、随筆家、俳人、東京帝国大学教授

生まれ

明治十一（一八七八）年十一月二十八日、東京市麴町区に、高知県士族で陸軍会計監督の寺田利正・亀夫妻の長男として誕生。幼少年期は高知で過ごす。

恩師

明治二十九年に入学した第五高等学校（現熊本大学）で、二人の恩師に出会う。

田丸卓郎　物理と数学を学び、科学に目覚める。バイオリンを知るきっかけも田丸による。

夏目漱石　英語教師の漱石には、俳句のてほどきを受け、文学に目覚める。漱石の小説「吾輩は猫である」の水島寒月、「三四郎」の野々宮宗八は寅彦がモデルだといわれている。

家族・結婚

寅彦は生涯に三度結婚している。明治三十（一八九七）年二十歳のとき、陸軍少将の長女・阪井夏子（十五歳）と結婚。夏子と死別の後、明治三十八年に浜口寛子と再婚するが、またも死別。大正七年に酒井紳子と再々婚した。三男二女あり。

ペンネーム

吉村冬彦、寅日子、牛頓（ニュートン）、藪甘子、木螺先生、有平糖ほか、十九種類の筆名を使った。

寺田物理学

椿の花の落ちかた、金平糖の角のできかた、線香花火の火花の形の研究、墨流しの研究など。日常身辺に起こる出来事に着目し、その物理現象を研究した。研究題材は幅広く、既存の学問分野の枠におさまらない独自の研究スタイルを築いた。

芸術活動

文学：随筆執筆、俳句・連句制作など。
音楽：バイオリン、セロ、ピアノなどの楽器演奏、コンサートやレコード鑑賞。映画鑑賞と評論の執筆。美術：写生画や自画像の絵画制作。

好きなもの

「好きなもの　苺　珈琲　花　美人　懐手して　宇宙見物」（昭和九年に詠んだ短歌）、猫、煙草（朝日）。

もっと寺田寅彦を知りたい人のためのブックガイド

「寺田寅彦随筆集」 第一巻〜第五巻、寺田寅彦著、岩波文庫、一九四八年
漱石門下の文芸評論家で寅彦の友人でもある小宮豊隆が編集。寅彦が二十代から晩年までに新聞・雑誌に寄稿した随筆から百十余篇をセレクトして収録。

「柿の種」 寺田寅彦著、岩波文庫、一九九六年
大正九年創刊の俳句雑誌「渋柿」に発表された百七十六篇の短文を集めた随筆集。寅彦自身が描いたカットも収録されている。

「回想の寺田寅彦」 小林勇編、岩波書店、一九三七年
寺田寅彦にたいへん可愛がられた編集者・小林勇が、寅彦の妻と娘、幼なじみ、姉、病中を看護していた女性にインタビューし、寅彦の思い出をまとめた一冊。詳細な病中日誌や告別式当日の記録もあり。

「寺田寅彦と現代 等身大の科学をもとめて」 池内了著、みすず書房、二〇〇五年
物理学者である著者が寅彦の研究・業績を徹底検証、現代社会にどう応用できるかを考察。同時に寅彦の自然科学者としての先見性、独創性が浮かび上がる。

「寺田寅彦 バイオリンを弾く物理学者」 末延芳晴著、平凡社、二〇〇九年
生涯バイオリンを弾き、西洋音楽のコンサートに出かけ、蓄音機を購入してレコードを聴き、愛猫が死ぬと哀悼の歌「三毛の墓」を作曲した、「音楽する人」寅彦をめぐる論考。

「寺田寅彦 わが師の追想」 中谷宇吉郎著、講談社学術文庫、二〇一四年
物理学者にして名随筆家としても知られる寅彦の愛弟子・中谷宇吉郎による寅彦追想録。当時の研究室の空気や師との交流、寅彦の研究紹介など。

本書は、『寺田寅彦全集』（全二十九巻、岩波書店、一九九六―九九年）を底本としました。

表記は、新字新かなづかいに改め、読みにくいと思われる漢字にはふりがなをつけています。また、今日では不適切と思われる表現については、作品発表時の時代背景と作品価値などを考慮して、原文どおりとしました。

なお、文末に記した執筆年齢は満年齢です。

STANDARD BOOKS

寺田寅彦 科学者とあたま

発行日——２０１５年12月11日 初版第１刷
２０２５年１月20日 初版第７刷

著者——寺田寅彦

発行者——下中順平

発行所——株式会社平凡社
東京都千代田区神田神保町３-29 〒１０１-００５１
電話 （０３）３２３０-６５８０［編集］
（０３）３２３０-６５７３［営業］
振替 ００１８０-０-２９６３９

印刷・製本——シナノ書籍印刷株式会社

編集——大西香織

装幀・装画——重実生哉

ISBN978-4-582-53151-0
NDC分類番号914.6 B6変型判（17.6cm） 総ページ224
平凡社ホームページ https://www.heibonsha.co.jp/

STANDARD BOOKS　刊行に際して

STANDARD BOOKSは、百科事典の平凡社が提案する新しい随筆シリーズです。科学と文学、双方を横断する知性を持つ科学者・作家の珠玉の作品を集め、一作家を一冊で紹介します。

今の世の中に足りないもの、それは現代に渦巻く膨大な情報のただなかにあっても、確固とした基準となる上質な知ではないでしょうか。自分の頭で考えるための指標、すなわち「知のスタンダード」となる文章を提案する。そんな意味を込めて、このシリーズを「STANDARD BOOKS」と名づけました。

寺田寅彦に始まるSTANDARD BOOKSの特長は、「科学的視点」があることです。自然科学者が書いた随筆を読むと、頭が涼しくなります。科学と文学、科学と芸術を行き来しておもしろがる感性が、そこにあります。

現代は知識や技術のタコツボ化が進み、ひとびとは同じ嗜好の人としか話をしなくなっています。いわば、「言葉の通じる人」としか話せなくなっているのです。しかし、そのような硬直化した世界からは、新しいしなやかな知は生まれえません。

境界を越えてどこでも行き来するには、自由でやわらかい、風とおしのよい心と「教養」が必要です。その基盤となるもの、それが「知のスタンダード」です。手探りで進むよりも、地図を手にしたり、導き手がいたりすることで、私たちは確信をもって一歩を踏み出すことができます。規範や基準がない「なんでもあり」の世界は、一見自由なようでいて、じつはとても不自由なのです。

このSTANDARD BOOKSが、現代の想像力に風穴をあけ、自分の頭で考える力を取り戻す一助となればと願っています。

末永くご愛顧いただければ幸いです。

2015年12月

ロゴマークデザイン：重実生哉